新佳禾外语

★ 出国旅游、工作、学习、生活应急必备

地道日语 想说就说

主编／徐金凤

U0414354

东南大学出版社
SOUTHEAST UNIVERSITY PRESS
·南京·

内 容 提 要

本书根据在国外旅游、工作、生活的各种场景,设置了若干最可能的对话,汇集了上千句常用的句子,以日语和汉语谐音注音,并配以速度得当的录音,以让零基础的人士一看就懂、一学就会、想说就说,以备不时之需。本书特别适用于日语零基础的人员短期出国旅游、生活、工作等使用。

图书在版编目(CIP)数据

地道日语想说就说 / 徐金凤主编. 一南京:东南大学出版社,2016.3
(地道外语口语想说就说系列)
ISBN 978-7-5641-6398-3

Ⅰ.①地… Ⅱ.①徐… Ⅲ.①日语—口语—自学参考资料 Ⅳ.①H369.9

中国版本图书馆CIP数据核字(2016)第040633号

地道日语想说就说

主　　编	徐金凤	责任编辑	刘　坚
		特邀编辑	马　洁
电　　话	(025)83793329/83790577(传真)		
电子邮件	liu-jian@seu.edu.cn		
出版发行	东南大学出版社	出 版 人	江建中
地　　址	南京市四牌楼2号(210096)	邮　　编	210096
销售电话	(025)83794561/83794174/83794121/83795801		
	83792174/83795802/57711295(传真)		
网　　址	http://www.seupress.com		
电子邮件	press@seupress.com		
经　　销	全国各地新华书店		
印　　刷	南京新洲印刷有限公司		
开　　本	787mm×1092mm　1/32		
印　　张	8.25		
字　　数	183千字		
版　　次	2016年3月第1版第1次印刷		
书　　号	ISBN 978-7-5641-6398-3		
定　　价	15.00元		

* 未经许可,本书内文字不得以任何方式转载、演绎,违者必究。
* 本社图书若有印装质量问题,请直接与营销部联系。电话:025-83791830。

前言

《地道日语想说就说》一书特别汇集了赴日及在日本生活、出行必备的海量应急和日常会话句子，涵盖了生活中方方面面的场景，如过海关、登机、购物、旅游、住宿、餐饮、看病、商务、交友、问路等等，赴日必需的基本功能句和各个场景的万能句尽在其中，您可以根据需求活学活用。这些句子都很简短、实用，一看就懂，一读就会。每个场景的最后还附有相关词汇，可举一反三，活学活用，是您轻松应急的上佳之选。

为了让您最大限度地利用日常零碎的时间学习提高日语水平，本书特别邀请资深外教和标准普通话老师为每个句子、单词进行中日对照朗读配音。您只要戴上耳机，就能轻松掌握应急句子或单词。无论是走路、跑步、搭车、乘船，抑或是站、坐、躺、卧，可随时听、随地听、反复听，保证学在其中，乐在其中！

总之，本书力求简明易懂、应急高效，让零起点读者的发音更为标准、地道，快速开口说日语！相信本书能对您的赴日生活大有帮助，祝您出行顺利，生活愉快！

本书编写过程中，王红、刘佳、卑琳、田秋月就词汇和句子的谐音反复斟酌，力求找到最能还原原语读音的谐

音字；陈贵男、赵志清、蔡晓苏、孙玉梅、陈姗姗等负责原语和汉语谐音的录音的后期剪辑，使得本书能够最后成型并方便读者使用，在此深表谢意。

本书的听力音频文件可从 http://pan.baidu.com/s/1qWXPgCG 下载，也可扫描封底的二维码下载。

编者

附加说明

长音的表示方法：用短横线"-"，如パスポート→帕斯泡-套；

特殊音的表示方法：例如き→<u>克匡</u>、ひょ→<u>黑奥</u>，其中，下划线"＿"表示连读；

促音的表示方法：单词中的促音用"×"来表示。

如：きっぷ→<u>克匡</u>×铺。

另外，日文句中如有语气上的中顿，书中与日文对应的谐音部分都相应地加上了空格，以方便初学者模仿朗读。

目录

发音篇 — 001

基本表达篇 — 006

第一章 相互寒暄 — 007
- 介绍 — 009
- 招呼 — 011
- 同意 — 013
- 拒绝 — 015
- 询问 — 016
- 谈话中间 — 020

第二章 表达感情 — 022
- 满足 — 025
- 不高兴 — 027
- 鼓励 — 028
- 发牢骚 — 030
- 为难 — 032
- 寻求帮助 — 034

场景表达篇 — 036

第一章 入境 — 037
- 在飞机上 — 037

- 在机场 ········· 042
- 领取行李 ········· 045
- 过海关 ········· 048
- 从机场到市内 ········· 051
- 兑换 ········· 054

  第二章 在酒店住宿 ········· 058

- 预约 ········· 058
- 入住手续 ········· 061
- 在前台 ········· 064
- 在房间 ········· 066
- 在电梯里 ········· 070
- 纠纷 ········· 072
- 退房 ········· 076

  第三章 问路 ········· 079

  第四章 搭乘交通工具 ········· 084

- 出租车 ········· 084
- 公共汽车·无轨电车 ········· 087
- 地铁·电车 ········· 089
- 船 ········· 091
- 租车 ········· 093

  第五章 餐饮 ········· 095

- 寻找饭店·预约 ········· 095
- 在酒店吃早饭 ········· 098
- 在西餐厅 ········· 101
- 在餐厅和小摊点 ········· 104

- 快餐 ... 106
- 在咖啡馆、酒吧 ... 109
- 发牢骚 ... 111
- 付账 ... 114

  第六章 购物 ... 117
- 在百货商店 ... 117
- 在自由市场 ... 123
- 在药店 ... 125
- 在书店、唱片店、CD 店 ... 128
- 在照相器材店 ... 131
- 讨价还价 ... 133
- 纠纷 ... 135

  第七章 休闲·游玩 ... 138
- 观光 ... 138
- 传统艺术·节日 ... 142
- 歌舞伎·电影 ... 143
- 卡拉 OK ... 146
- 迪斯科 ... 148
- 观看体育比赛 ... 150
- 桑拿·按摩 ... 152

  第八章 在邮局 ... 155
  第九章 打电话 ... 159
  第十章 四方出行 ... 163
- 坐飞机（出行） ... 163
- 利用铁路（出行） ... 171

第十一章 交友·访问 ……………… 176
○ 交友 ……………………………… 176
○ 访问 ……………………………… 179
第十二章 商务会话 ……………… 182
○ 访问办公地点 …………………… 182
○ 在会餐现场 ……………………… 185
第十三章 纠纷 …………………… 188
○ 丢失·被盗 ……………………… 188
○ 交通事故 ………………………… 192
○ 疾病 ……………………………… 195
○ 说明症状 ………………………… 197
第十四章 眼镜·隐形眼镜 ……… 203
○ 在眼镜店 ………………………… 203
○ 视力检查 ………………………… 207
第十五章 回国 …………………… 209
○ 预约的再次确认 ………………… 209
○ 对送行的人的寒暄 ……………… 211
第十六章 发送感谢信·卡片 …… 215
○ 感谢信 …………………………… 215
○ 卡片 ……………………………… 219

固定句式篇 221

一、发音篇

一、日本文字

1. 日本文字的起源

中日两国"一衣带水",而日本的文字和中国的汉字渊源也很深,日本文字就是以中国的汉字为原形,并在此基础上创造的一种文字。古时候的日本民族虽然有自己的语言,但只是限于口头表达,没有形成用于记载的书面语言文字,这种状况一直持续到日本和中国有文化交流之后。而后来,也就是大约在隋唐时代,汉字由中国传入日本,作为书写的工具。日本人一开始先是直接采用汉字作为日本文字来记载日本语言,后来因为汉字笔画繁复书写不便,为了适应实际需要,才又利用汉字草书简化成"平假名",另外又利用汉字的偏旁造出"片假名","平假名"、"片假名"和"汉字"因而成为日本文字的主体。

假名是根据中国的汉字创造出来的日语字母。所谓"假名","假"是指"假借","名"是指字,所以假名的意思就是"假借的文字"。相对于假名而言,汉字曾被称为"真名"。在现代日语中,狭义的假名指的就是平假名和片假名。其中,平假名是由汉字的草体简化而来,而片假名则是由汉字的楷体简化而来,采用了汉字的偏旁部首。这两种假名是直接记录日语语音的符号。

日语的每个假名均有平假名和片假名这两种写法。此外,还用一种罗马字拼写假名,即"罗马字母"。罗马字母一般用于拍发电报,书写商标、名片、人名、地名、公司及缩写外来语词汇等,另外,在打字机及计算机的输入中也多采用罗马字输入法。其使用范围有逐渐扩大的趋势。日语中根据需要,经常同时混合使用三种文字,即假名、汉字和罗马字母。

2. 日本文字的构成

作为语言的书写符号,日本文字基本上是由假名与汉

字所构成。而假名又分平假名与片假名两种。日语的假名其实相当于英语中的字母，假名分成的"平假名"和"片假名"又相当于英语中的大写字母和小写字母，具有相同的读音，只是书写方法不同。

例如：

スミスさんは留学生です。（史密斯先生是留学生。）

句中的"さん""は""です"是平假名，"スミス"是片假名，而"留学生"则是汉字。

◎平假名（ひらがな）

平假名是根据汉字的草书整理出来的，外形也类似于中国的草书。在书写的时候与汉字的书写笔画有相似之处。例：ぁ→安

平假名用以标示日本固有的和语或汉语发音，是日语中使用最频繁的文字。多用于一般书写和报纸、杂志的印刷等。例如：

意→い　　　　右→う　　　　絵→え
気→き　　　　小→こ　　　　布→ふ

◎片假名（かたかな）

从外形看来，片假名笔画简单又很工整，它是从中文汉字楷书的偏旁部首中分化出来的，与平假名相对应。例：イ→伊

日本人主要用片假名来书写外来语、拟声语、拟态语、电报或者某些特殊的词汇以及需要特别强调的词汇。例如：

阿→ア　　　　伊→イ　　　　加→カ
ice→アイス　　news→ニュース
marathon→マラソン

◎汉字（かんじ）

汉字也就是通常所说的日文汉字，是从中国引进的汉文中的一部分文字，有些与中文里的汉字外形、字义完全一致，有些则稍有改变，当然也有大相径庭的时候。因为

日文汉字较假名来说简洁、醒目，表现能力也比较强，所以，汉字多是在表现日语的关键字眼时使用。因此，有时看日文的书报杂志，只要掌握汉字就看个八九不离十了。

汉字的读法分"音读"和"训读"两种。通俗地说，"训读"就是用日语来读日文汉字；"音读"就是日本人按照中国汉字原来的读音来读日文汉字（仅为近似发音）。这一点可以说是我们中国人学习日语的最有利之处。例如：

训读：机（つくえ）　犬（いぬ）　足（あし）
音读：中国（ちゅうごく）　花壇（かだん）
　　　電話（でんわ）

二、认识五十音图

日语中的假名及其发音，有一套完整的体系。假名（平假名和片假名）共有142个，包括清音、浊音、半浊音和拨音。把清音按发音规律排成十行，每行五个假名，最末排上一个拨音"ん"，也就是将日语的假名及其发音最基本的内容归纳成一个图表，就是"五十音图"，也称为"五十音表"。

日语词典均按五十音图顺序排列，日语动词词尾也按五十音图的行、段变化，因此必须按行、按段背熟五十音图。

五十音図

行＼段	あ段	い段	う段	え段	お段
あ行	あ ア a	い イ i	う ウ u	え エ e	お オ o
か行	か カ ka	き キ ki	く ク ku	け ケ ke	こ コ ko
さ行	さ サ sa	し シ si	す ス su	せ セ se	そ ソ so
た行	た タ ta	ち チ ti	つ ツ tu	て テ te	と ト to
な行	な ナ na	に ニ ni	ぬ ヌ nu	ね ネ ne	の ノ no
は行	は ハ ha	ひ ヒ hi	ふ フ hu	へ ヘ he	ほ ホ ho
ま行	ま マ ma	み ミ mi	む ム mu	め メ me	も モ mo
や行	や ヤ ya	(い イ) (i)	ゆ ユ yu	(え エ) (e)	よ ヨ yo
ら行	ら ラ ra	り リ ri	る ル ru	れ レ re	ろ ロ ro
わ行	わ ワ wa	(い イ) (i)	(う ウ) (u)	(え エ) (e)	を ヲ o
	ん ン n				

发音篇

二、基本表达篇

第一章 あいさつをかわす 相互寒暄

短句

日文 こんにちは。
谐音 考恩尼七哇
中文 你好!

日文 おはようございます。
谐音 奥哈要—高杂伊马斯
中文 你早!(早上好!)

日文 こんばんは。
谐音 考恩帮哇
中文 晚上好!

日文 おやすみなさい。
谐音 奥亚斯米 那萨衣
中文 晚安!

日文 ようこそ。
谐音 要—考搔
中文 欢迎!

日文 はじめまして。
谐音 哈计麦马西台
中文 初次见面。

基本表达篇

>日文 お久しぶりですね。
>谐音 奥 黑依萨希布里 呆斯耐
>中文 好久不见了。

>日文 お元気ですか。
>谐音 奥干克医 呆斯卡
>中文 你身体好吗?

>日文 はい、あなたは?
>谐音 哈衣 阿那他哇
>中文 还好,你呢?

>日文 おめでとうございます。
>谐音 奥卖呆掏 高杂伊马斯
>中文 恭喜你!(祝贺你!)

>日文 お目にかかれてよかったです。
>谐音 奥卖尼 卡卡来台 要卡×他呆斯
>中文 见到您我很高兴。

>日文 また、会いましょう。
>谐音 马他 阿衣马笑—
>中文 后会有期。

>日文 どうぞ、楽しい旅を。
>谐音 兜—造 他闹细—他毕奥
>中文 祝你旅途愉快!

日文	さようなら！
谐音	萨要一那拉
中文	再见！

词汇收藏夹

日文	天気（てんき）	晴れる（はれる）	曇る（くもる）
谐音	天恩克医	哈来路	苦某路
中文	天气	放晴	天气阴阴的

日文	降る（ふる）	寒い（さむい）	暑い（あつい）
谐音	肤路	萨木一	阿茨一
中文	下（雨）	冷	热

日文	涼しい（すずしい）	挨拶する（あいさつする）
谐音	思兹西一	阿一萨茨思路
中文	凉爽	打招呼

紹介する 介绍

短句

日文	私は王紅です。
谐音	瓦塔西哇 欧抠呆斯
中文	我叫王红。

日文	中国から来ました。
谐音	球-告库 卡拉 克医马西塔
中文	我是从中国来的。

基本表达篇

地道日语 想说就说

日文 はじめまして、どうぞよろしく。
谐音 哈机买 马西台 兜—造要劳西哭
中文 初次见面，请多关照！

日文 お目にかかれてうれしいです。
谐音 奥卖尼 卡卡来台 屋来细—呆斯
中文 见到您，我很高兴。

日文 私のほうこそ。
谐音 瓦他西脑耗考搔
中文 我也很高兴。

日文 王さんはどこから来ましたか。
谐音 欧桑哇 都扣卡拉克医马西塔卡
中文 王小姐来自哪里呢？

日文 私は北京から来ました。
谐音 瓦他西哇 陪克医恩卡拉 克医马西塔
中文 我来自北京。

词汇收藏夹

日文	出会う（であう）	初めて（はじめて）	友達（ともだち）
谐音	呆阿屋	哈鸡没台	头某搭七
中文	邂逅	第一次	朋友

日文	クラスメート	家族（かぞく）	親戚（しんせき）
谐音	苦拉斯美—头	卡造哭	西恩斯欸 克医

中文	同班同学	家人	亲戚

日文	名前（なまえ）	年齢（ねんれい）	血液型（けつえきがた）
谐音	娜妈哎	年恩来一	可诶次哎克医嘎他
中文	名字	年龄	血型

日文	趣味（しゅみ）	星座（せいざ）	学歴（がくれき）
谐音	修咪	斯欸一嗄	嘎哭来克医
中文	兴趣	星座	学历

日文	特技（とくぎ）	自己紹介（じこしょうかい）
谐音	头哭给以	机扣小一卡伊
中文	专长	自我介绍

基本表达篇

呼びかける 招呼

短句

日文 あのう、すみません。
谐音 阿闹— 斯米马散恩
中文 劳驾！

日文 ウェイター！
谐音 威他—
中文 服务员！

日文 ウェイドレス！
谐音 威都来斯
中文 小姐！

日文 ちょっとお尋ねします。
谐音 敲×偷 哦他兹内西马斯
中文 请问!

日文 ちょっと教えてください。
谐音 敲×偷 哦西哎台苦搭萨伊
中文 请告诉我一下。

日文 どうぞ、お先に。
谐音 兜—造 哦撒克医尼
中文 您先请。

日文 すみません。メニューを見せてください。
谐音 斯密马散恩 没妞—欧咪斯诶台苦搭萨伊
中文 劳驾,请给我菜单。

日文 はい、ご注文はお決まりですか。
谐音 哈衣 沟克门哇 欧克医马里呆斯卡
中文 好的。您决定好要点餐了吗?

日文 お勧めは何ですか。
谐音 哦思思没哇 那嗯呆斯卡
中文 您推荐什么菜呢?

日文 サーロインステーキですね。
谐音 萨—楼印斯台—克医呆斯耐
中文 沙朗牛排不错。

日文 食前酒をください。

谐音 小哭紫恩修欧苦搭萨伊

中文 请给我餐前酒。

日文 はい、かしこまりました。

谐音 哈衣 卡西扣马里马西塔

中文 好的，我知道了。

词汇收藏夹

日文	ウェイター	ウェイトレス	メニュー
谐音	威他—	威偷来斯	没妞—
中文	男服务生	女服务生	菜单

日文	注文する（ちゅうもんする）	お勧め（おすすめ）	前菜（ぜんさい）
谐音	秋—毛恩斯路	欧斯斯每	兹恩萨伊
中文	点餐	推荐料理	前菜

日文	ステーキ	デザート	
谐音	斯台—克医	呆啊—头	
中文	牛排	甜点	

同意する 同意

短句

日文 はい、いいですよ。

谐音 哈衣 衣—呆斯要

中文 好，可以。

基本表达篇

地道日语 想说就说

日文	わかりました。
谐音	瓦卡里马西塔
中文	知道了。

日文	いい考えですね。
谐音	衣—扛嘎唉呆斯耐
中文	好主意！

日文	私もそう思います。
谐音	瓦他西 某 扫袄某一马斯
中文	我也这样想。

日文	そのとおり。
谐音	扫闹透一里
中文	对。（没错儿。）

日文	賛成です。そうしましょう。
谐音	桑塞呆斯 扫一西马笑一
中文	我赞成，就这么办吧。

词汇收藏夹

日文	賛成する（さんせいする）	反対する（はんたいする）	同意する（どういする）
谐音	散恩斯欸斯路	哈恩他一斯路	都一伊斯路
中文	赞成	反对	同意

日文	納得する（なっとくする）	オッケー	大丈夫（だいじょうぶ）
谐音	那×头哭思路	欧×可诶—	大意叫部
中文	同意	OK	没问题

ことわる　拒绝

短句

日文 いいえ、いりません。
谐音 衣—挨　衣里吗散恩
中文 我不要。

日文 知りません。
谐音 西里吗散恩
中文 不知道。

日文 いやです。
谐音 衣亚呆斯
中文 我不愿意。

日文 やめてください。
谐音 雅买台苦搭萨伊
中文 别这样！

日文 興味ありません。
谐音 克要迷　阿里马散恩
中文 我不感兴趣。

基本表达篇

> 日文　日本語はわかりません。
> 谐音　尼号恩告哇　瓦卡里吗散恩
> 中文　我不懂日语。

词汇收藏夹

日文	断る（ことわる）	拒絶する（きょぜつする）	いやだ
谐音	口偷哇路	克腰贼呲斯路	一压搭
中文	拒绝	拒绝	不要

日文	無理（むり）	できるだけ	ちょっと
谐音	木里	呆可依路搭可诶	敲×偷
中文	办不到	尽量	不太行

日文	尽くす（つくす）	やる
谐音	呲哭斯	压路
中文	尽力	做

たずねる　询问

短句

> 日文　トイレはどこですか。
> 谐音　掏衣来　哇　道靠呆斯卡
> 中文　厕所在哪儿？

> 日文　お名前は。
> 谐音　奥那马挨哇
> 中文　你叫什么名字？

日文 何歳ですか。
谐音 南撒衣呆斯卡
中文 你今年多大了?

日文 どこから来たの。
谐音 兜考卡拉 克医他脑
中文 你从哪儿来的?

日文 お仕事は。
谐音 奥 西告掏哇
中文 你做什么工作?

日文 彼女[彼]は誰ですか。
谐音 卡闹叫[卡来]哇 搭来呆斯卡
中文 她(他)是谁?

日文 これは何ですか。
谐音 考来哇 南呆斯卡
中文 这是什么?

日文 いくらですか。
谐音 衣库拉 呆斯卡
中文 多少钱?

日文 今、何時ですか。
谐音 衣马 南记呆斯卡
中文 现在几点?

基本表达篇

日文 何時までですか。
谐音 南记马呆呆斯卡
中文 到几点?

日文 何時からですか。
谐音 南记卡拉呆斯卡
中文 几点开始?

日文 このクレジットカードは使えますか。
谐音 考闹库来机×掏 卡一道 哇 词卡挨马斯卡
中文 这个信用卡能用吗?

日文 どうすればいいですか。
谐音 兜—斯来巴 衣—呆斯卡
中文 该怎么办才好呢?

日文 それはどういう意味ですか。
谐音 扫来哇 道右 衣米 呆斯卡
中文 这是什么意思?

日文 なぜですか。
谐音 那在 呆斯卡
中文 为什么?

日文 地図はありますか。
谐音 七子哇 阿里吗斯卡
中文 有没有地图?

> 日文　ビールはありますか。
> 谐音　笔一路哇　阿里吗斯卡
> 中文　有没有啤酒？

> 日文　フィルムはどこで手に入りますか。
> 谐音　飞路木哇　道告呆　台尼依里吗斯卡
> 中文　去哪儿能买到胶卷？

(词汇收藏夹)

日文	～屋（～や）	郵便局（ゆうびんきょく）	銀行（ぎんこう）
谐音	～压	油比恩 克腰哭	给恩扣
中文	～店	邮局	银行

日文	病院（びょういん）	レストラン	図書館（としょかん）
谐音	标一印	莱丝偷拉恩	偷萧看
中文	医院	餐厅	图书馆

日文	映画館（えいがかん）	劇場（げきじょう）	外貨両替所（がいかりょうがえじょ）
谐音	哎伊嘎看	给可依叫	嘎伊卡料一嘎哎交
中文	电影院	剧场	外币兑换处

日文	正しい（ただしい）	どうやって	～辺（～へん）
谐音	他打细一	都-压×台	～黑恩
中文	正确的	如何	～附近

会話の途中で 谈话中间

短句

日文 えっ、何？
谐音 哎× 那尼
中文 啊,什么?

日文 ああ、そういえば…。
谐音 阿— 扫依挨巴
中文 哦,对了……

日文 ええと…。
谐音 哎—掏
中文 嗯……这个……

日文 ほんとう？
谐音 号恩掏
中文 真的?

日文 ちょっと待って。
谐音 悄×掏 马×台
中文 等等。

日文 冗談でしょう？
谐音 交单 呆笑
中文 你在开玩笑吧?

词汇收藏夹

日文	考える（かんがえる）	考慮する（こうりょする）	参加する（さんかする）
谐音	看嘎哎路	考一料斯路	桑卡斯路
中文	思考	考虑	参加

日文	社員旅行（しゃいんりょこう）	修学旅行（しゅうがくりょこう）	つまり
谐音	下印料扣	修一嘎哭料扣	呲妈哩
中文	员工旅行	休学旅行	总之

日文	とにかく	目的地（もくてきち）
谐音	偷尼卡哭	某哭台可依七
中文	总而言之	目的地

基本表达篇

第二章 感情を表す 表达感情

短句

日文 ああ、楽しかった。
谐音 阿— 塔脑细卡×塔
中文 啊，真开心。

日文 好きだ。
谐音 丝克医搭
中文 我很喜欢。

日文 嫌いだ。
谐音 克医拉衣搭
中文 我不喜欢。

日文 わあ、おいしい。
谐音 哇— 奥衣细—
中文 真好吃。

日文 おもしろい。
谐音 奥猫细劳衣
中文 很有意思。

日文 珍しいものですね。
谐音 买滋拉细—猫脑呆斯耐
中文 真少见。

日文 これは初めてです。
谐音 考来瓦 哈机买台呆斯
中文 这是第一次。

日文 わあ、うれしい。
谐音 哇— 屋来细—
中文 啊，太高兴了。

日文 幸せ！
谐音 西阿哇塞
中文 我真幸运。

日文 あなたが好き。
谐音 阿那他嘎 丝克医
中文 我爱你。

日文 すごい。
谐音 丝告衣
中文 太棒了。

日文 寂しい。
谐音 洒逼西—
中文 太寂寞了。

日文 悲しい。
谐音 卡那细—
中文 真伤心。

基本表达篇

日文	残念。
谐音	赞念
中文	太遗憾了。

日文	待ち遠しいですね。
谐音	马七 兜奥细—呆斯耐
中文	真等死人了！

词汇收藏夹

日文	楽しい (たのしい)	嬉しい (うれしい)	愉快な (ゆかいな)
谐音	他脑细—	屋来细—	邮卡衣那
中文	快乐的	快乐的(内心的)	愉快的

日文	ドキドキする	超ハッピー (ちょうハッピー)	楽しみ (たのしみ)
谐音	刀克医刀克医斯路	悄哈×皮—	他脑细米
中文	心扑通扑通地跳，小鹿乱撞	超快乐	期待

日文	ほっとする	安心する (あんしんする)	驚く (おどろく)
谐音	好×掏斯路	安新斯路	奥刀劳库
中文	松一口气	安心	吃惊，吓到

日文	すっきり	怒る (おこる)	腹が立つ (はらがたつ)
谐音	斯×克医哩	奥靠路	哈拉嘎他呲
中文	舒畅，爽快	生气	生气

日文	気分 (きぶん)	疲れる (つかれる)
谐音	克医 布恩	词卡来路
中文	心情，气氛	疲劳

満足だ 満足

短句

日文 ああ、おいしかった。
谐音 阿— 奥衣细卡×塔
中文 啊,太好吃了!

日文 満足です。
谐音 慢造库呆斯
中文 我很满意。

日文 すばらしい!
谐音 丝巴拉细—
中文 太好了!

日文 信じられない!
谐音 新机拉来那衣
中文 真不敢相信!

日文 美しい所ですね。
谐音 屋呲库细—掏靠劳呆斯耐
中文 这地方真美!

日文 暖かいですね。
谐音 阿塔塔卡衣呆斯耐
中文 好暖和呀!

基本表达篇

地道日语想说就说

日文 涼しくて気持ちがいい。
谐音 丝滋细库台 克医猫七嘎衣—
中文 好凉快，真舒服。

日文 すっきりしました。
谐音 丝×克医里西吗西他
中文 真痛快。

日文 歴史が感じられます。
谐音 来克医西嘎 看机拉来吗斯
中文 真古老！

日文 感動しました。
谐音 看道西马西塔
中文 真感人。

日文 わくわくしちゃう。
谐音 哇库哇库西洽屋
中文 真令人兴奋。

日文 おいしい。
谐音 奥衣细—
中文 真好吃！

日文 いい香りですね。
谐音 衣衣卡奥里呆斯耐
中文 好香啊！

>日文 もうおなかがいっぱいです。

>谐音 某— 奥那卡嘎 衣×趴衣呆斯

>中文 已经吃饱了。

词汇收藏夹

日文	幸せ（しあわせ）	万歳（ばんざい）	運（うん）
谐音	西阿哇赛	班杂衣	屋恩
中文	幸福	万岁	运气

日文	喜ぶ（よろこぶ）	得意（とくい）
谐音	要劳靠布	掏库衣
中文	高兴	得意，美

不快だ　不高兴

短句

>日文 ああ、疲れた。

>谐音 啊— 词卡来塔

>中文 啊，累死我了！

>日文 おなかがすいた。

>谐音 奥那卡嘎 丝衣塔

>中文 肚子饿了！

>日文 喉が渇いた。

>谐音 闹兜嘎 卡衣塔

>中文 口渴了。

> 日文　暑すぎです。
>
> 谐音　阿呲丝哥衣呆斯
>
> 中文　太热了。

> 日文　たいくつだ。
>
> 谐音　塔衣库呲搭
>
> 中文　真无聊！

> 日文　頭が痛い。
>
> 谐音　阿他马嘎 衣他衣
>
> 中文　头疼。

词汇收藏夹

日文	顔色（かおいろ）	気分（きぶん）	疲れる（つかれる）
谐音	卡欧一喽	克医 布恩	呲卡勒路
中文	脸色	心情，气氛	疲劳

日文	退屈（たいくつ）	大変（たいへん）	つまらない
谐音	他衣库呲	他衣汗	呲马拉那衣
中文	无聊，发闷	糟糕，严重	无聊，没意思

励ます 鼓励

短句

> 日文　頑張って。
>
> 谐音　干巴×台
>
> 中文　加油！

日文 だいじょうぶです。
谐音 答衣教-布呆斯
中文 不要紧。

日文 きっとうまくいくよ。
谐音 克医×偷屋吗库衣库要
中文 没问题。

日文 元気を出して。
谐音 干克医奥答西台
中文 打起精神来。

日文 落ち着いて。
谐音 奥七呲衣台
中文 别着急。

日文 泣かないで。
谐音 那卡那衣呆
中文 别哭了。

词汇收藏夹

日文	励ます（はげます）	賞品（しょうひん）	景品（けいひん）
谐音	哈给诶妈斯	笑黑恩	可诶 黑恩
中文	鼓励	奖品	赠品

日文	頑張る（がんばる）	続ける（つづける）	努力する（どりょくする）
谐音	噶恩八路	呲兹可诶路	斗料哭斯路
中文	加油	继续	努力

日文	諦める（あきらめる）	めげる
谐音	阿可依拉梅路	梅给诶路
中文	放弃	气馁

苦情を言う 发牢骚

短句

日文 値段が高すぎる。
谐音 耐单嘎 塔卡丝哥衣路
中文 太贵了。

日文 頼んだものがまだきません。
谐音 塔脑答冒脑嘎 马答 克医吗散恩
中文 点的东西还没上呢。

日文 おつりが足りません。
谐音 奥词里嘎 塔里吗散恩
中文 找的钱不够。

日文 計算が間違っています。
谐音 开桑嘎 马七嘎×台衣吗斯
中文 算错了。

日文 話が違う。

谐音 哈那西嘎 七嘎屋

中文 跟你说的不一样。

日文 静かにしてください。

谐音 西滋卡尼 西台苦搭萨伊

中文 请安静点儿！

词汇收藏夹

日文	隣（となり）	カラオケ	騒音（そうおん）
谐音	头那哩	卡拉欧可诶	搜一欧恩
中文	隔壁，邻居	卡拉OK	噪音

日文	苦情（くじょう）	つい	近所（きんじょ）
谐音	哭叫—	呲伊	克医恩交
中文	牢骚，怨言	不知不觉	家的附近

日文	深夜（しんや）	話し声（はなしごえ）	迷惑（めいわく）
谐音	西恩压	哈哪西勾哎	没意哇哭
中文	深夜	说话声	麻烦，为难

困った 为难

短句

日文 道に迷った。
谐音 米七尼 马要×塔
中文 我迷路了。

日文 ちょっと手を貸してください。
谐音 悄×掏 台奥 卡西台 苦搭萨伊
中文 请帮个忙。

日文 パスポートをなくしました。
谐音 趴斯泡—掏奥 那哭西吗西他
中文 我的护照丢了。

日文 部屋に鍵を忘れました。
谐音 海丫尼卡哥衣奥瓦斯来吗西塔
中文 把钥匙忘在屋里了。

日文 気分が悪いです。
谐音 克医布嘎 瓦路衣呆斯
中文 我不舒服。

日文 中国語のできる方はいらっしゃいますか。
谐音 秋-告库高脑呆克医路卡塔哇 衣拉×下衣吗斯卡
中文 有哪位会汉语？

>日文 困ったことになった。
>谐音 口马×他扣头尼呐×他
>中文 遇到麻烦了。

>日文 じゃ、なんとかしてよ。
>谐音 价 那恩偷卡西台腰
>中文 那，想点办法吧。

>日文 うまく行ってないね。
>谐音 屋妈哭伊×台那伊耐
>中文 真是不顺啊。

基本表达篇

词汇收藏夹

日文	トラブル	困る（こまる）	困難（こんなん）
谐音	都拉布鲁	口妈路	困一南恩
中文	麻烦	困扰	困难

日文	遭う（あう）	難しい（むずかしい）	やばい
谐音	阿屋	木兹卡西一	哑八伊
中文	遭遇	困难的	不妙的

日文	悲しい（かなしい）	なんとか
谐音	卡呐西一	喃恩偷卡
中文	悲伤的	想办法

助けを求める 寻求帮助

短句

日文 助けて！
谐音 塔斯开台
中文 来人啊！

日文 火事だ。
谐音 卡机搭
中文 失火了！

日文 どろぼう！
谐音 兜劳包—
中文 抓小偷啊！

日文 おまわりさん！
谐音 奥吗哇里桑
中文 警察！

日文 救急車を呼べ！
谐音 克由 克由下奥 要卑
中文 快叫救护车！

日文 医者を呼んで！
谐音 衣下奥 腰恩呆
中文 快叫医生来！

日文 誰か警察を呼んでください！
谐音 搭来卡 可诶—萨呸欧 要恩呆苦搭萨伊
中文 有没有人帮我叫警察啊！

词汇收藏夹

日文	空き巣（あきす）	引ったくり（ひったくり）	すり
谐音	阿克医斯	黑×他哭里	斯里
中文	乘人不在家时行窃（的贼），闯空门	强盗	扒手

日文	泥棒（どろぼう）	ストーカー	痴漢（ちかん）
谐音	都喽波偶	斯偷—卡—	七看
中文	小偷	跟踪犯	色狼，色情狂

日文	盗聴（とうちょう）	盗撮（とうさつ）
谐音	透—翘	偷—仨呲
中文	窃听	偷拍

基本表达篇

三、场景表达篇

第一章 入国する　入境
機内で 在飞机上

短句

- 日文 搭乗券を見せてください。
- 谐音 偷叫克欸嗯欧　咪斯欸台苦搭萨伊
- 中文 给我看看登机牌。

- 日文 はい、これです。
- 谐音 哈衣 扣来呆斯
- 中文 好。

- 日文 搭乗券をなくしました。
- 谐音 偷叫克欸嗯欧　那哭戏马戏他
- 中文 我的登机牌丢了。

- 日文 私の席はどこですか。
- 谐音 瓦塔西闹斯欸克医哇　都扣呆思卡
- 中文 我的座位在哪儿？

- 日文 席を替わってもいいですか。
- 谐音 斯欸　克医欧　卡瓦×台某一一呆思卡
- 中文 可以换换座位吗？

- 日文 シートを倒してもいいですか。
- 谐音 西一偷欧　他欧西台某　一一呆思卡
- 中文 我想放倒靠背，行吗？

- 日文 どうぞ、いいですよ。
- 谐音 兜—造 ——呆斯腰
- 中文 行，你放吧。

- 日文 この荷物をここに置いてもいいですか。
- 谐音 考闹尼某呲欧考考尼欧意太某——呆思卡
- 中文 行李放这儿行吗？

- 日文 荷物を上に上げて［下におろして］くれませんか。
- 谐音 你某茨欧屋哎尼阿给阿太 ［西塔尼欧楼西台］哭来吗散恩卡
- 中文 劳驾，帮我把行李放上去（拿下来），好吗？

- 日文 中国語の新聞［雑誌］はありますか。
- 谐音 秋—告库闹新部恩［唖×西］哇 阿里吗斯卡
- 中文 有没有中文报纸（杂志）？

- 日文 毛布をください。
- 谐音 毛—肤欧苦搭萨伊
- 中文 请给我毛毯。

- 日文 すみません、ちょっと通してください。
- 谐音 斯密马散恩 敲×偷透欧西台苦搭萨伊
- 中文 借光，请让我过去一下。

日文 機内で免税品の販売をしますか。
谐音 克医拿一呆 面子诶 黑恩闹汗八一欧西吗斯卡
中文 这飞机上卖免税商品吗?

日文 後どのぐらいで東京空港に着きますか。
谐音 阿头道闹鼓啦一带 偷克腰哭扣尼呲克医吗斯卡
中文 还有多长时间到东京?

日文 定刻に着きますか。
谐音 太乙扣哭尼茨克医吗斯卡
中文 能准时到达吗?

日文 どんな飲み物がありますか。
谐音 都嗯呐闹咪某闹嘎阿里吗斯卡
中文 都有什么饮料?

日文 オレンジジュースはありますか。
谐音 欧连就一斯哇 阿里吗斯卡
中文 有没有橘子汁?

日文 お酒はただですか。
谐音 欧萨可诶哇他搭呆斯卡
中文 酒是免费的吗?

日文 ウィスキーの水割りをください。
谐音 威斯克医一闹米兹哇里欧苦搭萨伊
中文 请来一杯兑水威士忌。

地道日语想说就说

日文 ビールをもう一杯もらえますか。
谐音 毕一路欧 某一义×怕一某拉哎吗斯卡
中文 麻烦你，再来一杯啤酒。

日文 気分が悪いです。
谐音 克医部嗯嘎 哇路易呆斯
中文 我不大舒服。

日文 飛行機に酔ったみたいです。
谐音 黑口一克医尼腰
中文 好像是晕机了。

日文 入国に必要な書類をください。
谐音 牛一考哭尼 黑刺要那小露一欧 苦搭萨伊
中文 请给我入境时所要填的东西。

日文 （この書類の）書き方を教えてください。
谐音 口闹小噜一闹卡克医卡他欧 欧西哎太苦搭萨伊
中文 请告诉我怎么填。

日文 これはどういう意味ですか。
谐音 考来挖 都又一米呆斯卡
中文 这是什么意思？

日文 すみません、ボールペンを貸していただけますか。

>谐音 斯密吗散恩 波偶―路陪恩欧卡西台以他搭可诶吗斯卡
>中文 对不起，能不能借我支笔用用？

词汇收藏夹

日文	枕（まくら）	毛布（もうふ）	雑誌（ざっし）
谐音	马库拉	某―夫	杂×西
中文	枕头	毛毯	杂志

日文	コップ	新聞（しんぶん）	使用中（トイレ）（しようちゅう）
谐音	靠×铺	信布恩	西要秋―（掏衣来）
中文	杯子	报纸	有人（厕所）

日文	空き（トイレ）（あき）	スチュワーデス	シートベルト着用（シートベルトちゃくよう）
谐音	阿克医（掏衣来）	斯秋哇―呆斯	细―掏白路掏恰库要
中文	无人（厕所）	空中小姐	系好安全带

日文	非常口（ひじょうぐち）	ウーロン茶（ウーロンちゃ）	コーヒー
谐音	黑叫―古七	屋―劳恩恰	靠―呵衣
中文	太平门（紧急出口）	乌龙茶	咖啡

日文	ワイン	ミネラルウォーター	ヘッドホン
谐音	哇印	米耐拉路 握―他	海―兜哄
中文	葡萄酒	矿泉水	耳机

场景表达篇

日文	荷物棚（にもつだな）	機内食（きないしょく）	飛行機酔い（ひこうきよい）
谐音	尼毛呲答那	克医那衣小库	呵衣靠克医要衣
中文	行李架	机内便餐	晕机

日文	免税品（めんぜいひん）	机上販売（きじょうはんばい）
谐音	慢在呵印	克医叫汗八衣
中文	免税品	机上销售

空港で 在机场

短句

日文 パスポートを見せてください。
谐音 帕斯剖一头欧 咪斯欸台苦搭萨伊
中文 给我看看你的护照。

日文 はい、これです。
谐音 哈衣 考来呆斯
中文 好。

日文 入国の目的は何ですか。
谐音 牛一考哭闹某哭太克医哇 那恩呆斯卡
中文 来日本做什么？

日文 観光[留学、仕事]です。
谐音 看扣[留一噶哭 西沟偷]呆斯
中文 旅行。[留学。出差。]

日文 どれぐらい滞在する予定ですか。
谐音 兜来古啦一 就—他以思路腰台一呆斯卡
中文 要待多久?

日文 一週間です。
谐音 伊×修看呆斯
中文 一个星期。

日文 三日です。
谐音 散尼奇呆斯
中文 三天。

日文 乗り継ぎするだけです。
谐音 脑里茨个亿思路大克诶呆斯
中文 只是转一下飞机。

日文 どちらに滞在しますか。
谐音 兜其啦尼 就他一西吗斯卡
中文 你住哪儿?

日文 桜ホテルに泊まります。
谐音 撒库拉候太露尼 头玛丽吗斯
中文 我住樱花饭店。

日文 友人の家に泊まります。
谐音 又—近闹屋企尼 头玛丽吗斯
中文 我住朋友家。

场景表达篇

日文 お仕事は何ですか。
谐音 喔西沟头哇 那恩呆斯卡
中文 你做什么工作?

日文 会社員[学生]です。
谐音 卡一下印[噶哭斯欤伊]呆斯
中文 我是公司职员（学生）。

词汇收藏夹

日文	出入国管理（しゅつにゅうこくかんり）	目的（もくてき）	親類（しんるい）
谐音	修茨妞一口苦看里	某哭太克医	信路易
中文	出入境审批管理	目的	亲戚

日文	訪問（ほうもん）	技師（ぎし）	教師（きょうし）
谐音	候一毛恩	给以西	克腰西
中文	访问	技术员	老师

日文	公務員（こうむいん）	自営業（じえいぎょう）	農業（のうぎょう）
谐音	扣木印	继爱以哥窑	闹哥窑
中文	公务员	个体户	农民

日文	定年退職者（ていねんたいしょくしゃ）	乗り継ぎ客（のりつぎきゃく）	待合室（まちあいしつ）
谐音	太乙年他一小哭下	脑里茨个亿卡伊呀哭	马七阿忆西呲
中文	退休人员	转机乘客	候机室

荷物引き取り 領取行李

短句

日文 荷物はどこで受け取れますか。
谐音 呢帽茨哇 到扣带无可诶偷来吗思卡
中文 在哪儿取行李?

日文 日本航空９５１便はどのターンテーブルですか。
谐音 尼候恩扣哭克油哈哭沟就一起比恩哇 都闹他嗯太不录呆斯卡
中文 日本航空公司951航班是哪个转盘?

日文 日本航空のカウンターはどこですか。
谐音 尼候恩扣哭闹卡恩他—哇 兜考呆斯卡
中文 日本航空公司的服务台在哪儿?

日文 私の荷物が見当たりません。
谐音 哇他西闹尼毛呲嘎 咪啊他哩妈散恩
中文 没看到我的行李。

日文 至急調べてください。
谐音 西克油希拉卑台苦搭萨伊
中文 请赶紧查一下。

场景表达篇

地道日语 想说就说

- **日文** 荷物の特徴を教えてください。
- **谐音** 尼毛呲闹偷哭敲欧 哦西哎台苦搭萨伊
- **中文** 请说说你的行李有什么特征。

- **日文** プラスチック製の大型のスーツケースで、色はグリーンです。
- **谐音** 普拉斯七×哭斯欸闹欧噶他闹思—茨可诶—斯呆 —喽哇鼓林呆斯
- **中文** 大号的塑料硬壳箱，颜色是绿色的。

- **日文** 下のほうに名前がローマ字で書いてあります。
- **谐音** 西塔闹后尼 那马欸嘎 楼—妈鸡带 卡—台阿里吗斯
- **中文** 下边用罗马字写着名字呢。

- **日文** 荷物預り証はここにあります。
- **谐音** 你某次啊兹卡利笑哇 扣扣尼阿里吗斯
- **中文** 这是行李牌。

- **日文** 中身は何ですか。
- **谐音** 那卡密哇那恩呆斯卡
- **中文** 里边是什么？

- **日文** 身の回りの品と現金が二十万円入っています。
- **谐音** 咪闹吗瓦砾闹西那偷给恩克医恩嘎 尼就慢嗯哈衣×台—吗斯
- **中文** 有随身用品和20万日元。

>日文 連絡先を教えてください。
>谐音 连拉哭萨克医欧 哦西狄台苦搭萨伊
>中文 请告诉我你的联系地址。

>日文 いつ頃までに連絡をいただけますか。
>谐音 依次侴偻麻袋尼 联拉哭欧以他大可诶吗斯卡
>中文 什么时候能有消息?

>日文 見つかり次第このホテルに届けてください。
>谐音 米磁卡里希达意 口闹候台路尼 头都可诶台苦搭萨伊
>中文 找到了请马上送到这个饭店来。

词汇收藏夹

>日文	荷物（にもつ）	トラブル	受け取る（うけとる）
>谐音	你某呲	头啦补路	屋可诶偷路
>中文	行李	麻烦	领取

>日文	見つかる（みつかる）	見つける（みつける）	調査する（ちょうさする）
>谐音	咪茨卡路	咪茨可诶路	俏萨思路
>中文	找到	寻找	调查

>日文	名札（なふだ）	引換証（ひきかえしょう）
>谐音	那肤搭	黑可以卡欸笑
>中文	名片	换证

场景表达篇

税関　过海关

短句

日文 パスポートと税関申告書を見せてください。
谐音 帕斯剖一透偷子诶看某一西口苦小欧　咪斯欸台苦搭萨伊
中文 给我看看你的护照和携带物品申报单。

日文 はい、どうぞ。
谐音 哈衣　兜一造
中文 好。

日文 何か申告するものがありますか。
谐音 那你卡信口苦思路某闹嘎　啊里吗斯卡
中文 有没有什么要申报的?

日文 いいえ、ありません。
谐音 一一诶　阿里吗散恩
中文 没有。

日文 酒やタバコを持っていますか。
谐音 萨可诶呀他吧扣欧　某×台一吗斯卡
中文 有烟酒吗?

日文 これは何ですか。
谐音 考来哇　男呆斯卡
中文 这是什么?

日文 はい、ウィスキーを三本とタバコを二カートン持っています。

谐音 哈衣 威斯克医—欧散伯恩头他把口欧 尼卡—屯某×台一吗斯

中文 有，有三瓶威士忌，两条烟。

日文 これは何ですか。

谐音 考来哇 男呆斯卡

中文 这是什么?

日文 身の回りの品です。

谐音 咪闹吗瓦砾闹西那嗯呆斯

中文 随身用品。

日文 これは私が使っているカメラです。

谐音 考来哇 瓦塔西噶茨卡×台一路卡梅拉呆斯

中文 这是自己用的相机。

日文 風邪薬[お腹の薬]です。

谐音 卡子诶压库[哦拿卡闹哭斯里]呆斯

中文 这是感冒药（止泻药）。

日文 これは課税対象になります。

谐音 考来哇 卡子诶他一笑尼娜哩吗斯

中文 这个要上税。

地道日语 想说就说

日文 これは法令により持ち込むことはできません。
谐音 考来哇 候类尼要离 某七口木扣头哇 呆克医妈散恩
中文 根据法律，这个不准带入境。

日文 それじゃこれはどうなるのですか。
谐音 搜来价 考来哇 都哪路闹呆斯卡
中文 那这个怎么办呢？

日文 出迎えの友人を呼び出してもらえますか。
谐音 带木卡欸闹油浸欧 腰逼搭西台某啦欸吗斯卡
中文 麻烦你，用广播叫一下来接我的人。

词汇收藏夹

日文	税関 (ぜいかん)	入国カード (にゅうこくカード)	旅券 (りょけん)
谐音	子诶看	拗口苦卡一都	了可诶嗯
中文	海关	入境卡	护照

日文	観光 (かんこう)	ビジネス	贈答用 (ぞうとうよう)
谐音	看扣一	逼急内斯	走一透要
中文	观光	商务，商业	送人用

日文	滞在する (たいざいする)	申告する (しんこくする)
谐音	他一杂役思路	新一口苦思路
中文	停留	申报

空港から市内へ 从机场到市内

短句

日文 荷物を運ぶカートはどこにありますか。
谐音 尼某次欧哈口部卡—偷哇 兜扣你阿里吗斯卡
中文 行李推车在哪儿?

日文 市内地図をください。
谐音 吸纳以七兹欧 苦搭萨伊
中文 我买一张市区地图。

日文 市内へ行くバス[地下鉄]はありますか。
谐音 吸纳以欸衣裤巴斯[七卡太次]哇 阿里吗斯卡
中文 有去市内的公共汽车(地铁)吗?

日文 市内へ行くバスはどこから出ますか。
谐音 吸纳以欸衣裤八斯哇 兜扣卡拉呆吗斯卡
中文 去市内的公共汽车在哪儿上?

日文 バス乗り場はどこですか。
谐音 巴斯闹里吧哇 兜扣呆斯卡
中文 公共汽车站在哪儿?

日文 切符はどこで買うのですか。
谐音 克医×铺哇 兜扣呆卡屋闹呆斯卡
中文 在哪儿买票?

场景表达篇

地道日语 想说就说

日文 タクシー乗り場はどこですか。
谐音 他哭细一闹里吧哇 到扣呆斯卡
中文 在哪儿上出租车？

日文 東京飯店の近くを通りますか。
谐音 偷克腰汉天闹七卡哭欧 偷哦里吗斯卡
中文 路过东京饭店吗？

日文 東京飯店に停まりますか。
谐音 偷克腰汉天尼 头吗里吗斯卡
中文 东京饭店停不停？

日文 桜ホテルまで運賃はいくらですか。
谐音 萨苦啦候太路麻袋吴恩亲哇 衣裤啦呆斯卡
中文 到樱花宾馆多少钱？

日文 国際飯店まで500円で間に合いますか。
谐音 口苦萨伊汗天麻袋 沟黑呀哭恩带 骂尼阿伊吗斯卡
中文 到国际饭店500元行吗？

日文 このバッグをトランクに入れてください。
谐音 考闹吧×鼓欧 头兰哭你 以类台苦搭萨伊
中文 请把这个包放到后备箱里。

日文 後ろのトランクを開けてください。
谐音 屋西漏闹透兰哭欧 啊可诶台苦搭萨伊
中文 请把后盖打开。

日文 ここに行きたいのですが。

谐音 考考尼 亦克医他一闹呆斯嘎

中文 我想去这儿。

日文 この住所の所に行ってください。

谐音 考闹就笑闹偷扣老尼 伊×台苦搭萨伊

中文 请把我送到这个地方。

日文 このホテルまでお願いします。

谐音 考闹后台路麻袋 欧耐嘎依稀马斯

中文 请到这个饭店。

日文 アジア飯店までどのぐらいの時間で着きますか。

谐音 阿机啊汉天麻袋 兜闹古拉一闹季刊带 呲克医吗斯卡

中文 到亚洲饭店要多长时间？

日文 ここで降ろしてください。

谐音 考考呆 哦楼西台苦搭萨伊

中文 我要在这儿下。

日文 ここで止めてください。

谐音 考考呆 头每台苦搭萨伊

中文 就停在这儿吧。

场景表达篇

日文 料金はいくらですか。
谐音 料克医恩哇 衣裤啦呆斯卡
中文 多少钱?

日文 ありがとう。おつりは取っておいてください。
谐音 阿里嘎头— 哦茨里瓦 偷×台 偶一台苦搭萨伊
中文 谢谢,不用找钱了。

词汇收藏夹

日文	乗り場 (のりば)	新宿 (しんじゅく)	安い (やすい)
谐音	脑里吧	新恩修哭	雅思一
中文	搭乘处	新宿	便宜

日文	早い (はやい)	利用 (りよう)	送迎 (そうげい)
谐音	哈亚以	理要	嗽给—
中文	快	利用	接送

両替する 兑换

短句

日文 両替所はどこですか。
谐音 料噶谈交哇 兜考呆斯卡
中文 兑换处在哪儿?

日文 両替したいのですが。
谐音 料噶谈西塔一闹呆斯嘎
中文 我想换钱。

日文 このトラベラーズ・チェックを現金にしてください。
谐音 考闹偷啦卑啦—兹七欸×哭欧 给恩 可诶嗯尼西台苦搭萨伊
中文 我想把旅行支票换成现金。

日文 パスポートは必要ですか。
谐音 怕斯剖—透哇 黑刺要务呆斯卡
中文 要护照吗?

日文 今日の両替レートはいくらですか。
谐音 克腰闹料噶诶类—头哇 衣裤啦呆斯卡
中文 今天的牌价是多少?

日文 小銭も入れてください。
谐音 口子诶尼某 一类台 苦搭萨伊
中文 请给点儿零的。

日文 この一万円を細かくしてください。
谐音 考闹意气漫恩欧 候搜卡哭西台苦搭萨伊
中文 请把这一万日元破开。

日文 どのくらい交換しますか。
谐音 都闹苦辣一 扣看西吗斯卡
中文 换多少呢?

场景表达篇

地道日语想说就说

> 日文 お確かめください。
> 谐音 哦卡西卡梅苦搭萨伊
> 中文 请你点好。

> 日文 確かに。お世話様でした。
> 谐音 他西卡尼 欧斯欸哗撒嘛呆西他
> 中文 没问题。给你添麻烦了。

> 日文 どういたしまして。
> 谐音 兜—衣他西码西台
> 中文 不客气。

词汇收藏夹

日文	銀行（ぎんこう）	両替所（りょうがえじょ）	両替する（りょうがえする）
谐音	个亿嗯扣	料噶诶叫	料噶诶思路
中文	银行	兑换所	兑换

日文	外貨両替（がいかりょうがえ）	紙幣（しへい）	硬貨（こうか）
谐音	嘎—卡料噶诶	西黑衣	扣卡
中文	外币兑换	纸币	硬币

日文	コイン	日本円（にほんえん）	ドル
谐音	口印	你候嗯	兜路
中文	硬币，货币	日元	美元

日文	人民元（じんみんげん）	イギリスポンド	ユーロ
谐音	金民给恩	一给以里斯伯恩都	油一楼
中文	人民币	英镑	欧元

日文	香港ドル（ホンコンドル）	韓国ウォン（かんこくウォン）
谐音	后嗯空兜路	看口苦吴鸥嗯
中文	港币	韩元

第二章　ホテルに泊まる　在酒店住宿

予約　预约

短句

日文 ここでホテルの予約はできますか。
谐音 考考袋　候太露闹腰压库哇　呆克医吗斯卡
中文 能不能在这儿订房？

日文 ツインルームを予約したいのですが。
谐音 茨印路—木欧　腰搜哭系他一闹呆斯嘎
中文 我想订双人间。

日文 この電話で予約できますか。
谐音 考闹电袜带　咬才哭带克医吗斯卡
中文 现在在电话里就能订吗？

日文 空港からの送迎車はありますか。
谐音 哭扣卡拉闹嗽给诶下哇　阿里吗斯卡
中文 机场有没有班车来接？

日文 一泊一万円以下のホテルはありますか。
谐音 一×怕苦意气慢嗯一卡闹候太露哇　阿里吗斯卡
中文 有没有一天不超过1万日元的饭店？

日文 空港の近くのホテルを紹介してください。
谐音 哭扣闹奇卡哭闹后台路欧　小卡伊西台苦搭萨伊
中文 请介绍一下机场附近的饭店。

日文 一泊いくらですか。
谐音 一×怕苦 衣裤啦呆斯卡
中文 一天多少钱?

日文 前金が必要ですか。
谐音 妈哎 克医恩嘎 黑瓷药呆斯卡
中文 要不要先交钱?

日文 紙に書いてください。
谐音 卡密尼 卡一台苦搭萨伊
中文 请写一下。

日文 サービス料は込みますか。
谐音 萨—比斯料哇 扣咪吗斯卡
中文 包括服务费吗?

日文 エキストラベッドを入れてもらえますか。
谐音 欸克医斯偷啦卑×都欧 以来台某啦欸吗斯卡
中文 能不能加床?

日文 ベビーベッドを借りたいのですが。
谐音 被必卑×兜欧 卡利他一闹呆斯嘎
中文 我想借婴儿床。

日文 有料ですか。
谐音 油料呆斯卡
中文 收费吗?

日文 スポーツジム[プール・サウナ]はありますか。
谐音 斯剖一呲吉姆[铺一路 萨屋那]哇 阿里吗斯卡
中文 有健身房（游泳池、桑拿浴）吗？

日文 三泊したいのですが。
谐音 三啪哭西塔一闹呆斯嘎
中文 我想住三天。

日文 ほかのホテルを紹介してください。
谐音 候卡闹候太露欧 笑卡伊西台苦搭萨伊
中文 请给我介绍别的饭店。

日文 もっと安いホテルはありませんか。
谐音 某×偷 雅思一候太露哇 阿里吗散恩卡
中文 有没有再便宜点儿的饭店？

日文 そのホテルまでどうやって行くのですか。
谐音 搜闹候太路麻袋 豆压×台 衣裤闹呆斯卡
中文 怎么去那个饭店？

日文 そのあたりは治安がいいですか。
谐音 搜闹啊塔里哇 七安嘎一一呆斯卡
中文 那一带安全吗？

词汇收藏夹

日文	ホテル	旅館（りょかん）	民宿（みんしゅく）
谐音	吼台路	辽看	民修哭
中文	酒店，旅馆	旅馆	民居

日文	ホテル代（ホテルだい）	サービス料（サービスりょう）	シングル
谐音	吼台路大意	萨—比斯料	新骨碌
中文	饭店费用	服务费	单人房

日文	ダブル	ツイン
谐音	搭布鲁	茨印
中文	双人房（两张床）	双人房（一张大床）

场景表达篇

チェックイン 入住手续

短句

日文 チェックインをお願いします。
谐音 其诶×哭印欧 哦耐嘎依西吗斯
中文 我要办住宿手续。

日文 中国で予約しました。
谐音 秋够酷带 要压库系吗西他
中文 在中国事先订好了。

日文 シングル[ツイン]を予約してあります。
谐音 信骨碌[茨印]欧 腰压西台阿里吗斯
中文 我订的是单人间(双人间)。

地道日语 想说就说

日文 これが予約確認書です。
谐音 考来嘎 咬压库卡哭尼恩笑呆斯
中文 这是订单。

日文 ここには何を書けばよいのですか。
谐音 考考尼哇 那你欧 卡可诶八要以闹呆斯卡
中文 这儿怎么填?

日文 予約してないのですが、部屋はありますか。
谐音 咬压库西台那一闹戴斯嘎 黑呀哇 阿里吗斯卡
中文 我事先没预约,还有房间吗?

日文 部屋はどちら向きのですか。
谐音 黑呀哇 都气啦木克医脑呆斯卡
中文 房间朝哪儿?

日文 この部屋の料金はいくらですか。
谐音 考闹黑呀闹料可依恩哇 衣裤啦呆斯卡
中文 这间房一天多少钱?

日文 クレジットカードは使えますか。
谐音 库赖机×偷卡一兜哇 呲卡诶吗斯卡
中文 能用信用卡吗?

日文 荷物を部屋に運んでください。
谐音 你某次欧 黑呀尼 哈昆恩带苦搭萨伊
中文 麻烦你,把行李送到房间去。

>**日文** 朝食はどこでできますか。
>**谐音** 翘萧哭哇 兜考呆 呆克医吗斯卡
>**中文** 早餐在哪儿用餐?

>**日文** 朝食はついていますか。
>**谐音** 翘小酷哇 呲以太一吗斯卡
>**中文** 带早餐吗?

>**日文** チェックアウトは何時ですか。
>**谐音** 其诶×哭阿乌头哇 那恩机呆斯卡
>**中文** 退房时间是几点?

>**日文** 最よりの駅はどこですか。
>**谐音** 某腰利闹诶克医哇 兜考呆斯卡
>**中文** 哪个车站最近?

场景表达篇

(词汇收藏夹)

>**日文**	チェックイン	宿泊カード（しゅくはくカード）	泊まる（とまる）
>**谐音**	其诶×哭印	修哭哈哭卡一兜	头妈路
>**中文**	住宿登记，办理入住手续	住宿卡	住宿

>**日文**	朝食つき（ちょうしょくつき）	お風呂（おふろ）	一泊二日（いっぱくふつか）
>**谐音**	翘小库茨克医	欧肤喽	一×趴哭肤茨卡
>**中文**	附早餐	浴室	两天一夜

日文	身分証明書（みぶんしょうめいしょ）
谐音	咪部嗯笑梅笑
中文	身份证

フロントで 在前台

短句

日文 ４０１号室の鍵をお願いします。
谐音 要恩子诶楼以其够西祠闹卡各异欧 哦耐嘎以西吗斯
中文 请给我401号的钥匙。

日文 私あてのメッセージはありますか。
谐音 瓦塔西闹梅×斯欸—机哇 阿里吗斯卡
中文 有我的留言吗?

日文 これを航空便で送ってください。
谐音 考来欧 扣哭比恩带 欧酷×台苦搭萨伊
中文 这个请寄航空。

日文 切手はありますか。
谐音 克医×台哇 阿里吗斯卡
中文 有邮票吗?

日文 中国にこの荷物を送りたいのですが。
谐音 秋一沟哭尼 口闹尼毛刺欧 哦苦力他一闹呆斯嘎
中文 我想把这件行李寄到中国。

日文 このあたりの地図はありますか。
谐音 考闹啊他塔里闹七兹哇 阿里吗斯卡
中文 有这一带的地图吗?

日文 今、プール[ジム]は使えますか。
谐音 一马 铺一路[吉姆]哇 茨卡欤吗斯卡
中文 现在游泳池(健身房)开放吗?

日文 バー[レストラン]は何時までですか。
谐音 吧[来斯偷兰]哇 男机麻袋呆斯卡
中文 酒吧(餐厅)开到几点?

日文 貴重品を預かってください。
谐音 克医翘黑恩欧 阿兹卡×台 苦搭萨伊
中文 我要存一下贵重物品。

日文 預けた荷物を受け取りにきました。
谐音 阿兹可诶他你某次欧 无可诶偷里尼 克医吗西他
中文 我来取行李。

词汇收藏夹

日文	朝食（ちょうしょく）	昼食（ちゅうしょく）	晩ご飯（ばんごはん）
谐音	翘—消酷	秋—小库	班狗汗
中文	早餐	午餐	晚餐

日文	クリーニング	アイロンサービス	インターネット
谐音	库利尼恩鼓	阿伊楼恩萨—比斯	印他—耐×偷
中文	洗衣	烫衣服务	网络

日文	モーニングコール
谐音	某—尼恩鼓扣—路
中文	早晨叫醒服务

部屋で 在房间

短句

日文 こちらは532号室です。

谐音 考七啦哇 沟散尼沟—西祠呆斯

中文 我是532号房间的。

日文 明朝6時に起こしてください。

谐音 妙阿萨楼哭机尼 哦扣西台苦搭萨伊

中文 请明天早上6点叫醒我。

日文 このエアコンはどうやってつける[消す]のですか。

谐音 口闹歘啊昆哇 豆呀×台 此可诶路[可诶思]闹呆斯卡

中文 这个空调怎么开（关）？

日文 ルームサービスをお願いします。

谐音 路—木萨—逼斯欧 欧耐噶一西吗斯

中文 我要送餐服务。

日文 はい、ご注文は。

谐音 哈衣 勾秋们哇

中文 好，你要什么？

日文 ウィスキーと氷を持って来てください。

谐音 威斯克医偷 口欧力欧某×台克医台苦搭萨伊

中文 请送威士忌和冰块儿来。

日文 お湯が欲しいのですが。

谐音 哦油嘎吼细一闹呆斯嘎

中文 我想要开水。

日文 朝食を7時にお願いしました。

谐音 翘—消酷欧 西奇机尼 欧耐嘎一西吗西他

中文 我订好了7点的早餐。

场景表达篇

日文 まだですか。
谐音 妈达呆斯卡
中文 还没好吗?

日文 ヘアドライヤーとシャンプー［ひげそり］はありますか。
谐音 黑啊斗啦以呀偷 香铺［黑给诶搜里］哇 阿里吗斯卡
中文 有吹风机和香波（刮胡刀）吗?

日文 洗濯物を頼みたいのですが。
谐音 森她哭某闹欧 他闹咪他一闹呆斯嘎
中文 我想洗衣服。

日文 いつ出来上がりますか。
谐音 依呲 呆克医啊咖喱吗斯卡
中文 什么时候能洗好?

日文 できるだけ速くして欲しいのですが。
谐音 呆克医路大可诶 哈压库西台 吼细一闹呆斯嘎
中文 请尽量快点儿。

日文 マッサージを部屋に呼べますか。
谐音 妈×萨—机欧 黑呀尼 腰卑吗斯卡
中文 可不可以请按摩师到房间来?

- **日文** 国際電話をかけられますか。
- **谐音** 口苦撒一电哇欧 卡可诶啦来吗斯卡
- **中文** 能打国际电话吗？

- **日文** 直通で市内電話ができますか。
- **谐音** 巧哭茨一呆 西那一电哇嘎 呆克医吗斯卡
- **中文** 能直拨市内电话吗？

- **日文** ファックスはどこにありますか。
- **谐音** 发×酷斯哇 兜考尼阿里吗斯卡
- **中文** 哪儿有传真？

词汇收藏夹

日文	ルームサービス	セーフティーボックス	ドアチェン
谐音	路一木萨一必斯	斯欸一肤替波偶×哭斯	兜啊七欸恩
中文	客房服务	保险箱	门链

日文	冷房（れいぼう）	蛇口（じゃぐち）	排水口（はいすいこう）
谐音	类波偶	家古奇	哈衣思伊扣
中文	冷气	水龙头	排水口

日文	ランドリーサービス	アイロン台（アイロンだい）	予備キー（よびキー）
谐音	篮恩都利萨一逼斯	阿伊楼恩大一	腰逼克医一
中文	洗衣服务	熨衣台	备用钥匙

地道日语 想说就说

エレベーターで 在电梯里

短句

日文 （ドアを開けていてくれたら）ありがとう。
谐音 兜啊欧 啊可诶台一台哭来他拉 阿里嘎透
中文 谢谢！

日文 どうぞお先に。
谐音 兜一造 欧撒克医尼
中文 您先请。

日文 上［下］行きですか。
谐音 屋欵［西他］有克医呆斯卡
中文 是上（下）吗？

日文 レストランは何階ですか。
谐音 莱丝偷烂哇 男噶一呆斯卡
中文 餐厅是几层？

日文 何階で（降りま）すか。
谐音 男噶一呆 欧里吗斯卡
中文 您到几层？

日文 8階をお願いします。ありがとう。
谐音 哈七嘎衣欧 哦耐嘎衣西吗斯 阿里嘎透
中文 帮我按一下8层，谢谢！

日文	降ります。
谐音	欧哩妈斯
中文	我要出去。

词汇收藏夹

日文	エレベーター	エスカレーター	1階（いっかい）
谐音	诶来卑—他—	欸斯卡莱—他—	伊×卡伊
中文	电梯	自动扶梯	1楼

日文	二階（にかい）	三階（さんがい）	四階（よんかい）
谐音	尼卡伊	桑卡伊	要恩卡伊
中文	2楼	3楼	4楼

日文	五階（ごかい）	六階（ろっかい）	七階（ななかい）
谐音	沟卡伊	楼×卡伊	呐呐卡伊
中文	5楼	6楼	7楼

日文	八階（はっかい）	九階（きゅうかい）	十階（じゅっかい）
谐音	哈×卡伊	克又—卡伊	纠×卡伊
中文	8楼	9楼	10楼

日文	何階（なんがい）
谐音	男嘎伊
中文	几楼

场景表达篇

トラブル　纠纷

短句

日文 鍵を部屋に置いてきて（締め出されて）しまいました。

谐音 卡个亿欧黑呀尼　欧以台克医台　细眉达萨来台 细吗衣吗西他

中文 我把钥匙锁在房间里了。

日文 鍵をなくしてしまいました。

谐音 卡个医欧　那哭西台西吗衣吗西他

中文 我把钥匙给丢了。

日文 セーフティーボックスの使い方が分かりません。

谐音 斯欸—肤替波偶×哭斯闹茨卡伊卡他噶　哇卡立马散恩

中文 我不会用房间里的保险箱。

日文 部屋が寒いので、もう一枚毛布をください。

谐音 黑呀嘎萨姆一闹呆　某—以其麻衣某—肤欧苦搭萨伊

中文 房间里太冷，请再给我条毛毯。

日文 シーツを替えてください。

谐音 西—茨欧　卡欸台　苦搭萨伊

中文 请换一下床单。

日文 浴室にタオルがありません。
谐音 要西祠尼 他欧陆嘎 阿里吗散恩
中文 浴室里没毛巾。

日文 トイレットペーパーがありません。
谐音 偷一来×偷呸一趴一嘎 阿里吗散恩
中文 没有卫生纸。

日文 持ってきてください。
谐音 某×台克医台 苦搭萨伊
中文 请拿来。

日文 ライトがつかないんです。
谐音 啦以偷嘎 茨卡纳印呆斯
中文 灯不亮。

日文 エアコンが故障しているようです。
谐音 欸啊昆嘎 扣笑西台一路要呆斯
中文 空调好像坏了。

日文 水道の水がよく出ないのですが。
谐音 思一豆闹米兹嘎 腰哭呆那一闹呆斯嘎
中文 水管不出水了。

日文 部屋を替えて下さい。
谐音 黑呀欧 卡欸台苦搭萨伊
中文 给我换个房间,好吗?

场景表达篇

日文 お湯が出ないのですが。
谐音 欧油嘎 带那一闹呆斯嘎
中文 没热水。

日文 浴槽の栓が壊れています。
谐音 腰哭搜闹森嗯嘎 扣哇来台一吗斯
中文 浴盆的活塞坏了。

日文 トイレの水が流れないのですが。
谐音 偷以来闹米兹嘎 那噶来那一闹呆斯嘎
中文 厕所的水冲不下去。

日文 すぐに見てくれますか。
谐音 斯鼓尼 米台哭来吗斯卡
中文 快来看看吧。

日文 洗濯物がまだ届きません。
谐音 森他哭某闹嘎 妈搭 头都克医妈散恩
中文 洗的衣服还没送来呢。

日文 ワイシャツが一枚足りません。
谐音 哇一西祠嘎 一期麻衣塔里吗散恩
中文 少了一件衬衣。

日文 調べてください。
谐音 希拉卑台苦搭萨伊
中文 请查一下。

日文 蚊がいるのですが、殺虫剤はありますか。

谐音 卡嘎一路闹呆斯嘎　洒茨秋—杂役哇　阿里吗斯卡

中文 有蚊子，有灭蚊剂吗？

日文 隣の部屋がうるさいのですが。

谐音 偷那里闹黑呀嘎　屋路萨伊闹呆斯嘎

中文 隔壁很吵。

日文 何とかしてください。

谐音 男头卡西台苦搭萨伊

中文 请管管吧。

日文 医者を呼んでください。

谐音 一下欧　腰恩呆苦搭萨伊

中文 快叫医生来。

日文 助けてください。

谐音 他斯可诶台苦搭萨伊

中文 快来人啊！

场景表达篇

词汇收藏夹

日文	旅行小切手（りょこうこぎって）	料金（りょうきん）	払う（はらう）
谐音	料扣口个亿×台	料克医恩	哈拉屋

中文	旅行支票	费用	支付
日文	延ばす（のばす）	浴室（よくしつ）	タオル
谐音	闹八斯	要哭西祠	他欧陆
中文	延长	浴室	毛巾

日文	トイレットペーパー	ライト	エアコン
谐音	偷一来×偷呸一趴一	拉伊偷	欤阿困
中文	卫生纸	灯	空调

チェックアウト 退房

短句

- 日文 チェックアウトをお願いします。
- 谐音 切×哭阿屋偷欧 欧耐嘎依西吗斯
- 中文 我要退房。

- 日文 明朝１０時にチェックアウトをします。
- 谐音 妙阿萨就机尼 切×哭阿屋偷欧西吗斯
- 中文 我明天上午10点退房。

- 日文 この部屋に引き続きもう一泊したいのですが。
- 谐音 考闹黑呀尼 黑克医茨兹克医某— 一×趴哭西塔一闹呆斯嘎
- 中文 我想再住一个晚上。

> **日文** 一日早く発ちたいのですが。
> **谐音** 一期尼七哈亚哭 他气他一闹呆斯嘎
> **中文** 我想提前一天走。

> **日文** 預けた貴重品を受け取りたいのですが。
> **谐音** 阿兹可诶他克医翘黑恩欧 屋可诶偷里他一闹呆斯嘎
> **中文** 我想取存放的贵重物品。

> **日文** 荷物を取りに来てください。
> **谐音** 尼毛刺欧 偷里尼克医台苦搭萨伊
> **中文** 请来帮我拿行李。

> **日文** 精算してください。
> **谐音** 斯欸散西台苦搭萨伊
> **中文** 请结账。

> **日文** このカードは使えますか。
> **谐音** 考闹卡—兜哇 茨卡欸吗斯卡
> **中文** 这个卡能用吗？

> **日文** これは何の料金ですか。
> **谐音** 考来哇 男闹料克医恩呆斯卡
> **中文** 这笔账是什么？

场景表达篇

地道日语 想说就说

日文 冷蔵庫から缶ビールを二本飲みました。
谐音 来走寇卡拉 看必一路欧 尼候恩闹咪吗西他
中文 冰箱里的啤酒，我喝了两罐。

日文 この荷物を夕方まで預かってもらえますか。
谐音 考闹你毛刺欧 油一噶他麻呆 阿兹卡×台某啦欸吗斯卡
中文 能把这个行李保管到傍晚吗？

日文 タクシーを呼んでください。
谐音 他哭细一欧 要恩呆苦搭萨伊
中文 请帮我叫一辆出租车。

词汇收藏夹

日文	チェックアウト	勘定（かんじょう）	有料テレビ（ゆうりょうテレビ）
谐音	切×哭阿屋偷	看叫	油料台来逼
中文	退房	账单	付费电视

日文	有料サービス（ゆうりょうサービス）	料金（りょうきん）	預かる（あずかる）
谐音	油料萨一必斯	料一克医恩	阿滋卡路
中文	付费服务	费用	寄放

第三章 道を尋ねる　问路

短句

日文 すみません、道を教えてください。
谐音 丝密妈散　密七袄　袄西挨台苦搭萨伊
中文 劳驾，我问一下路。

日文 この住所のところに行きたいのですが。
谐音 考脑就消闹掏靠劳尼　衣克医他衣闹呆斯嘎
中文 我要去这个地方。

日文 太陽飯店へはどうやって行くのか教えてください。
谐音 太阳饭店挨哇　道一牙×台衣哭闹卡　袄西挨台苦搭萨伊
中文 请问，太阳饭店怎么走？

日文 トイレはどこにありますか。
谐音 掏衣来哇　兜考尼阿里妈斯卡
中文 厕所在哪儿？

日文 この近くに書店はありますか。
谐音 考闹七卡哭尼　小天恩哇阿里妈斯卡
中文 这附近有书店吗？

日文 略図を描いてください。
谐音 俩哭滋袄 卡衣台苦搭萨伊
中文 请画个简单的图吧。

日文 （地図を見せて）私が今いるところを教えてください。
谐音 （七滋袄米塞台）哇他西嘎衣马 衣路桃靠劳袄 袄西挨台苦搭萨伊
中文 请告诉我现在在哪儿？

日文 そこまで歩いて行けますか。
谐音 骚靠妈呆 阿路衣台 衣开妈斯卡
中文 能走着去吗？

日文 歩くとどのぐらいかかりますか。
谐音 阿路哭掏 道脑姑拉衣卡卡里妈斯卡
中文 走着去，得多长时间？

日文 近道はありますか。
谐音 七卡米奇哇 阿里妈斯卡
中文 有近路吗？

日文 タクシーはどこで乗れますか。
谐音 他哭西哇 道靠呆闹来妈斯卡
中文 在哪儿能坐出租车？

- 日文 一番近いデパートはどこですか。
- 谐音 衣七班七卡衣呆怕—挑挖 道靠呆斯卡
- 中文 最近的百货商店在哪儿?

- 日文 中国大使館はどこですか。
- 谐音 秋靠哭答衣西看哇 道靠呆斯卡
- 中文 中国大使馆在哪儿?

- 日文 次の交差点を左に曲がってください。
- 谐音 次哥衣脑靠撒词坛袄 呵衣他里尼妈嘎×台苦搭萨伊
- 中文 到了前边的十字路口往左拐。

- 日文 二つ目の信号を右に曲がってください。
- 谐音 服他词买脑新告袄 米哥衣尼 妈嘎×台苦搭萨伊
- 中文 到了第二个红绿灯往右拐。

- 日文 ここをまっすぐです。
- 谐音 靠靠袄 妈×斯姑呆斯
- 中文 一直往前走。

- 日文 右側[左側]です。
- 谐音 米哥衣 嘎哇（呵衣搭里嘎哇）呆斯
- 中文 在右（左）边。

场景表达篇

日文 すぐそこの角です。
谐音 斯姑 骚靠闹卡道呆斯
中文 就在那个拐角。

日文 目印になるものがありますか。
谐音 买机路西尼 那路毛脑嘎 阿里吗斯卡
中文 有没有什么标志？

日文 病院を探しています。
谐音 表因袄 撒嘎西台衣吗斯
中文 我找医院。

日文 ほら、この先に見えますよ。
谐音 吼拉 靠闹 撒克医尼米挨吗斯腰
中文 你看，前边就是。

日文 もう少しゆっくり話していただけますか。
谐音 毛丝靠西 油×哭里 哈那西台衣他搭开吗斯卡
中文 请说慢点儿，好吗？

词汇收藏夹

日文	トイレ	書店（しょてん）	略図（りゃくず）
谐音	挑衣来	小坛	俩哭滋
中文	厕所	书店	简图，草图

日文	地図（ちず）	指す（さす）	方向（ほうこう）

谐音	七滋	撒斯	吼—扣
中文	地图	指出	方向

日文	方向音痴（ほうこうおんち）	迷子（まいご）
谐音	吼—扣—欧恩七	妈衣高
中文	路痴	迷路的小孩

第四章 乗り物に乗る 搭乘交通工具

タクシー 出租车

短句

日文 タクシー！
谐音 他哭西—
中文 出租车！

日文 運転手さん、～までいくらですか。
谐音 屋坛秀桑 ～妈呆 衣哭拉呆斯卡
中文 司机，到~多少钱？

日文 ここへ行ってください。
谐音 靠靠挨衣× 台苦搭萨伊
中文 我要到这儿。

日文 時間はどのぐらいかかりますか。
谐音 机看哇 道脑姑拉衣 卡卡里吗斯卡
中文 要多长时间？

日文 一番近い道を行ってください。
谐音 衣七搬七卡衣米奇袄 衣×台苦搭萨伊
中文 请抄近道儿。

日文 高速を使ってもかまいません。
谐音 靠骚哭袄 呲卡×台毛 卡妈衣妈散恩
中文 走高速也没关系。

日文 もう少し先まで行ってください。
谐音 毛丝靠西撒克医妈呆 衣×台苦搭萨伊
中文 再往前开点儿。

日文 あの角を右へ曲がってください。
谐音 阿脑卡道袄 米哥衣挨 妈嘎×台苦搭萨伊
中文 前面的路口往右拐。

日文 ここでちょっと待っていてください。
谐音 靠靠呆 敲×挑 妈×台衣台苦搭萨伊
中文 请在这儿稍等一下。

日文 すぐに戻ります。
谐音 斯姑尼 毛道里妈斯
中文 我马上就回来。

日文 気分が悪いんです。
谐音 克医 不恩嘎 哇路因呆斯
中文 我不舒服。

场景表达篇

地道日语 想说就说

日文 ここで降ろしてください。
谐音 靠靠呆 袄里劳西台苦搭萨伊
中文 让我在这儿下车。

日文 どこかホテルの前で止めてください。
谐音 道靠卡好台路闹妈挨呆 挑买台苦搭萨伊
中文 请停在饭店前面。

日文 おつりは取っておいてください。
谐音 袄呲里挖 挑×台袄衣台苦搭萨伊
中文 不用找钱了。

日文 メーターを倒してください。
谐音 买――他―袄 他袄西台苦搭萨伊
中文 请打表走。

词汇收藏夹

日文	基本料金（きほんりょうきん）	飛ばす（とばす）	ゆっくり
谐音	克医洪料克医恩	偷巴斯	油×哭里
中文	基本费用	加速开车	慢慢地

日文	運転する（うんてんする）	近道（ちかみち）	止める（とめる）
谐音	屋坛斯路	七卡米七	偷买路
中文	开车	捷径	停车

バス・トロリーバス 公共汽车·无轨电车

短句

日文 バス停はどこですか。
谐音 巴斯台哇 道靠呆斯卡
中文 汽车站在哪儿？

日文 このバスは～に行きますか。
谐音 靠闹巴斯哇 尼衣克医妈丝卡
中文 这车去～吗？

日文 新宿行きのとロリーバスはありますか。
谐音 新九哭衣克医闹挑劳里一巴斯哇 阿里妈斯卡
中文 有去新宿的电车吗？

日文 外文書店に行くにはどのバスに乗ればいいですか。
谐音 嘎衣 布恩小店尼衣哭尼哇 道脑巴斯尼脑来巴衣衣呆斯卡
中文 去外文书店坐几路车？

日文 市役所まで一枚ください。
谐音 西牙哭小妈呆 衣七妈衣苦搭萨伊
中文 到市政府一张。

日文 バスを乗り換えるのですか。
谐音 巴斯袄脑里卡挨路闹呆斯卡
中文 要换车吗？

场景表达篇

地道日语 想说就说

> **日文** どこで乗り換えればいいですか。
> **谐音** 道靠呆 脑里卡挨来巴衣衣呆斯卡
> **中文** 在哪儿换车？

> **日文** どこで降りるか教えてください。
> **谐音** 道靠呆袄里路卡 袄西挨台苦搭萨伊
> **中文** 请告诉我在哪儿下车？

> **日文** ～に着いたら教えてください。
> **谐音** ～尼呲衣他拉 袄西挨台苦搭萨伊
> **中文** 到了～请告诉我一声。

> **日文** （席を譲る）どうぞおかけください。
> **谐音** （塞克医袄 油滋路） 道—造袄卡开苦搭萨伊
> **中文** 您坐这儿吧。

> **日文** 降ります！
> **谐音** 袄里妈斯
> **中文** 我下车！

词汇收藏夹

日文	バス	マイクロバス	乗り合いバス（のりあいバス）
谐音	巴斯	马衣哭劳巴斯	脑里阿衣巴斯
中文	公共汽车	面包车	小公共汽车

日文	トロリーバス	二階建てバス（にかいだてバス）	観光バス（かんこうバス）
谐音	挑劳里一巴斯	尼卡衣他台巴斯	看靠巴斯
中文	无轨电车	双层公共汽车	游览车

日文	長距離バス（ちょうきょりバス）	バス停（バスてい）	～番バス（～ばんバス）
谐音	桥 克要里 巴斯	巴斯台	～班巴斯
中文	长途汽车	车站	～路车

日文	切符（きっぷ）	お釣り（おつり）	バス路線図（バスろせんず）
谐音	克医扑	袄呲里	巴斯劳散滋
中文	车票	找的钱	路线图

日文	運転手（うんてんしゅ）	車掌（しゃしょう）
谐音	屋坛秀	虾笑
中文	司机	售票员

地下鉄・電車　地铁・电车

短句

日文 最寄りの地下鉄の駅はどこですか。

谐音 毛要里闹七卡台呲闹挨克医哇　道靠呆斯卡

中文 最近的地铁站在哪儿？

日文 名古屋へ行きたいのですが。

谐音 那告牙挨衣克医　他衣脑呆斯嘎

中文 我要去名古屋。

场景表达篇

日文 切符はどこで買うのですか。
谐音 克医×扑哇 道靠呆 卡屋脑呆斯卡
中文 在哪儿买票？

日文 神戸までいくらですか。
谐音 靠摆妈妈 衣哭拉呆斯卡
中文 到神户多少钱？

日文 この電車は～に停まりますか。
谐音 靠脑蛋瞎哇 尼挑妈里妈斯卡
中文 这趟车在～停不停？

日文 ここから～までは何駅ですか。
谐音 考考卡拉 妈呆哇 南挨克医呆斯卡
中文 从这儿到～有几站？

日文 どこで電車を乗り換えるのですか。
谐音 道靠呆 耽瞎袄闹里卡挨路闹呆斯卡
中文 在哪儿换车？

词汇收藏夹

日文	電車（でんしゃ）	地下鉄（ちかてつ）	始発電車（しはつでんしゃ）
谐音	耽瞎	七卡台呲	西哈呲耽瞎
中文	电车	地铁	首班电车

日文	終電(しゅうでん)	運賃(うんちん)	急行(きゅうこう)
谐音	秀单	乌亲	克油靠
中文	末班车	车费	快车

日文	各駅停車(かくえきていしゃ)	直行する(ちょっこうする)
谐音	卡哭挨克医台瞎	悄×靠丝路
中文	各站停车	直达

船　船

短句

日文 ～行きの船はこの埠頭でいいですか。
谐音 ～衣克医闹夫耐哇 靠脑夫掏呆——呆斯卡
中文 去～的船是这个码头吗？

日文 ～行きの2等切符を1枚ください。
谐音 ～衣克医脑 尼掏克医扑袄 衣七妈衣 苦搭萨伊
中文 我要买一张到～的二等舱。

日文 何時に出港しますか。
谐音 南几尼 秀×靠西妈丝卡
中文 几点开船？

日文 途中、どこに停泊しますか。
谐音 掏秋　道靠尼台—哈哭西妈丝卡
中文 沿途都在哪些地方停？

地道日语 想说就说

日文 船を下りて観光できますか。
谐音 服耐袄撒嘎里台看靠呆克医吗斯卡
中文 可以下船游览吗？

日文 料金に食事代は含まれてますか。
谐音 料克应尼小哭几答衣哇服哭妈来台吗斯卡
中文 票价里包括伙食费吗？

日文 観光船はありますか。
谐音 看靠散哇 阿里妈斯卡
中文 有没有游览船？

日文 ナイト・クルージングはできますか。
谐音 那衣掏 哭路—近古哇呆克医 吗斯卡
中文 可以乘船看夜景吗？

词汇收藏夹

日文	埠頭（ふとう）	出港（しゅっこう）	ナイト・クルージング
谐音	服掏—	秀×靠—	那衣掏 哭路—近古
中文	码头	开船	乘船看夜景

日文	観光船（かんこうせん）	停泊する（ていはくする）	船渡し（ふねわたし）
谐音	看靠散恩	台—哈哭丝路	服耐哇他西
中文	游览船	停船	渡船，离岸（价格）

日文	船便（ふなびん）
谐音	夫那宾
中文	船运

レンタカー 租车

短句

日文 車はどこで借りられますか。
谐音 哭路妈哇 道靠呆 卡里拉来妈斯卡
中文 在哪儿能租到车?

日文 車を借りたいのですが。
谐音 哭路妈袄 卡里他衣脑呆斯嘎
中文 我想租一辆车。

日文 一時間いくらですか。
谐音 衣七几看 衣哭拉呆斯卡
中文 一个小时多少钱?

日文 一日では。
谐音 衣七尼七呆哇
中文 一天呢?

日文 保証金はいくらですか。
谐音 好小克应哇 衣哭拉呆斯卡
中文 押金是多少?

地道日语 想说就说

词汇收藏夹

日文	小型车（こがたしゃ）	自動車（じどうしゃ）	ワゴン車（ワゴンしゃ）
谐音	靠嘎他下	几道一下	哇高恩下
中文	小型车	轿车	厢型车

日文	スポーツカー	エンジン	タイヤ
谐音	丝泡一词卡一	安 净	他衣牙
中文	跑车	引擎	轮胎

日文	ブレーキ	ガソリン
谐音	补来一克医	嘎骚林
中文	刹车	汽油

第五章　食べる・飲む　餐饮
店を探す・予約する　寻找饭店・预约

短句

- 日文 近くにある安くておいしいレストランを教えてください。
- 谐音 七卡哭尼　阿路牙丝哭台袄衣细来丝掏兰袄　袄西挨台苦搭萨伊
- 中文 这儿附近有没有又便宜又好吃的餐馆？

- 日文 地もとの人たちに人気のあるレストランを教えてください。
- 谐音 几毛挑闹呵衣挑他七尼　您克医脑阿路来丝掏兰袄袄西挨台苦搭萨伊
- 中文 介绍一下本地人爱去的餐馆。

- 日文 この国の家庭料理が食べてみたいのですが。
- 谐音 靠脑哭尼闹　卡台料里嘎　他摆台米他衣脑呆斯嘎
- 中文 我想尝尝日本的家常菜。

- 日文 中国音楽の聴けるレストランがありますか。
- 谐音 秋告哭袄嘎哭闹克医开路来丝掏兰嘎　阿里吗斯卡
- 中文 有没有演奏中国音乐的餐馆？

- 日文 予約は必要でしょうか。
- 谐音 要牙哭哇　呵衣词要呆笑一卡
- 中文 要预订吗？

地道日语 想说就说

- 日文 予約したいのですが。
- 谐音 要牙哭 西他衣闹呆斯嘎
- 中文 我要订座。

- 日文 何名様でしょうか。
- 谐音 南卖撒妈呆笑卡
- 中文 几位？

- 日文 3人です。名前は王紅です。
- 谐音 散您呆斯 哪妈挨哇 袄靠呆斯
- 中文 3个人，我叫王红。

- 日文 何時にお越しになりますか。
- 谐音 南几尼 袄靠西尼哪里吗丝卡
- 中文 几点光临？

- 日文 6時です。
- 谐音 老哭几呆斯
- 中文 6点。

- 日文 子供を連れて行ってもいいですか。
- 谐音 考掏毛袄词来台 衣×台毛衣衣呆斯卡
- 中文 可以带孩子吗？

- 日文 大丈夫です。どうぞいらしてください。
- 谐音 大衣叫布呆斯 道一造 衣拉西台苦搭萨伊
- 中文 可以，欢迎光临。

>日文 車椅子で入れますか。
>谐音 哭路妈衣丝呆 衣来吗斯卡
>中文 轮椅可以进吗?

>日文 6時の予約を7時に変えてください。
>谐音 老哭儿闹要牙哭袄 西七几尼卡挨台苦搭萨伊
>中文 请把6点的预约改为7点。

词汇收藏夹

>日文	日本料理（にほんりょうり）	フランス料理（フランスりょうり）	イタリア料理（イタリアりょうり）
>谐音	尼哄料—理	夫兰丝料—理	衣他里阿料—理
>中文	日本菜	法国菜	意大利菜

>日文	インド料理（インドりょうり）	中華料理（ちゅうかりょうり）	韓国料理（かんこくりょうり）
>谐音	印—道料—理	秋—卡料—理	看靠哭料—理
>中文	印度风味	中餐	韩国风味

>日文	野菜料理（やさいりょうり）	魚介料理（ぎょかいりょうり）	海鮮料理（かいせんりょうり）
>谐音	牙撒衣料—理	哥袄卡衣料—理	卡衣散恩料—理
>中文	青菜	海味	海鲜

场景表达篇

日文	魚料理（さかなりょうり）	蟹料理（かにりょうり）	自慢料理（じまんりょうり）
谐音	撒卡那料―理	卡尼料―理	几慢料―理
中文	鱼（做的菜）	螃蟹（做的菜）	招牌菜

ホテルでの朝食 在酒店吃早饭

短句

- 日文 （館内の）レストランはどこですか。
- 谐音 （看那衣闹）来丝掉兰哇 道靠呆斯卡
- 中文 餐厅在哪儿？

- 日文 中華と洋食のどちらになさいますか。
- 谐音 秋―卡掉要小哭闹道七拉尼那撒衣吗斯卡
- 中文 你要中餐还是西餐？

- 日文 食券をなくしてしまいました。
- 谐音 小看袄 那哭西台西妈衣吗西他
- 中文 我的餐券不见了。

- 日文 コーヒーをお願いします。
- 谐音 靠―呵衣 袄袄耐嘎衣西吗斯
- 中文 我要咖啡。

日文 オレンジジュースをください。
谐音 袄兰几酒一丝袄苦搭萨伊
中文 来杯橘子汁。

日文 牛乳も一杯ください。
谐音 哥油 牛毛 衣×趴衣苦搭萨伊
中文 请再来一杯牛奶。

日文 お茶は今お持ちしましょうか。
谐音 袄掐哇 衣妈袄毛七西妈笑卡
中文 现在上茶吗？

日文 いいえ、後にしてください。
谐音 衣衣挨 阿掏尼西台苦搭萨伊
中文 不，待会儿吧。

日文 紅茶をもう1杯ください。
谐音 靠掐袄 冒衣×趴衣苦搭萨伊
中文 请再来一杯红茶。

日文 （箸を落としたとき）箸をください。
谐音 （哈西袄袄掏西他掏克医）哈西 袄苦搭萨伊
中文 再给我一双筷子，好吗？

日文 これはどこで払うのですか。
谐音 靠来哇 道靠呆 哈拉屋闹呆斯卡
中文 这在哪儿付钱？

场景表达篇

日文 お勘定をお願いします。
谐音 袄看叫袄 袄耐嘎衣西妈丝
中文 请结账。

日文 お支払いは現金ですかカードですか。
谐音 袄西哈拉衣哇 干克应呆斯卡 卡—道呆斯卡
中文 用现金还是用信用卡付钱?

日文 現金です。
谐音 干克应 呆斯
中文 现金。

词汇收藏夹

日文	ご飯（ごはん）	お粥（おかゆ）	豆乳（とうにゅう）
谐音	高汗	袄卡油	掏牛
中文	米饭	粥	豆浆

日文	ワンタン	パン	バター
谐音	万 探	盼	八他一
中文	馄饨	面包	黄油

日文	ジャム	サラダ
谐音	加 木	撒拉搭
中文	果酱	沙拉（色拉）

レストランで 在西餐厅

短句

日文 いらっしゃいませ。
谐音 衣拉×下衣妈斯欸
中文 欢迎光临!

日文 四人の 席はありますか。
谐音 要您 脑 赛克医哇阿里妈斯卡
中文 有四个人的座儿吗？

日文 予約はしてありません。
谐音 要牙哭 哇西台阿里妈散
中文 没有预订。

日文 窓際の席をお願いします。
谐音 妈道哥衣 脑赛克衣 袄袄耐嘎衣 西妈斯
中文 请安排靠窗口的座儿。

日文 そこに座っていいですか。
谐音 骚靠尼丝哇×台衣呆斯卡
中文 坐那儿行吗？

日文 あいにく満席なので少々お待ちください。
谐音 阿衣尼哭 满赛克医 那脑呆笑笑袄妈七苦搭萨伊
中文 客满了，请稍等一下。

日文 どのぐらい待ちますか。
谐音 兜闹姑拉衣妈七妈丝卡
中文 要等多久？

日文 十五分ほどで席が空くと思います。
谐音 旧高夫恩好道呆 赛克衣嘎哭 掏袄毛衣妈丝
中文 大概过十五分钟就会有座儿。

日文 どんなお酒がありますか。
谐音 顿那 袄撒开 嘎阿里妈丝卡
中文 都有什么酒？

日文 酒は温めてください。
谐音 撒开哇 阿他他买 台苦搭萨伊
中文 把酒给我热一下。

日文 アルコールの入っていない飲み物はありますか。
谐音 阿路靠—路闹哈衣×台衣那衣 闹米毛闹 哇阿里妈斯卡
中文 有没有不含酒精的饮料？

日文 ミネラルウォーターをください。
谐音 米耐拉路握—他—袄苦搭萨伊
中文 我要矿泉水。

日文 これはどうやって食べるのですか。
谐音 考来哇兜一牙×台他摆路脑呆斯卡
中文 这个怎么吃？

日文 醤油[酢]をください。
谐音 小油（丝）袄苦搭萨伊
中文 给我酱油（醋）。

日文 デザートをください。
谐音 待杂一掏袄苦搭萨伊
中文 我想要甜点。

日文 デザートには何がありますか。
谐音 待杂一掏 尼哇 那尼 嘎阿里妈丝卡
中文 都有什么甜点？

日文 果物はどんなものがありますか。
谐音 哭答毛脑 哇道 那毛脑嘎 阿里妈丝卡
中文 都有什么水果？

日文 コーヒーだけで結構です。
谐音 靠一呵衣 打开呆开靠呆斯
中文 只要咖啡就行。

日文 持ち帰りたいのですが。
谐音 毛七卡挨里他衣脑呆斯嘎
中文 我想打包带走。

场景表达篇

词汇收藏夹

日文	おいしい	まずい	味
谐音	袄衣细	妈滋衣	阿儿
中文	好吃的	难吃的	味道（味觉）

日文	におい	ナプキン	ナイフ
谐音	尼袄衣	那扑克应	那衣夫
中文	味道（嗅觉）	餐巾	刀子

日文	フォーク	スプーン
谐音	夫袄一哭	丝扑一恩
中文	叉子	勺子

食堂・屋台で 在餐厅和小摊点

短句

日文 ここの自慢料理は何ですか。
谐音 靠靠脑儿慢料理哇南呆斯卡
中文 这儿的拿手菜是什么？

日文 この土地の名物料理はありますか。
谐音 靠脑掏七脑 买毛脑 料理哇阿里妈丝卡
中文 有没有这儿的风味菜？

日文 あれと同じ料理をください。
谐音 阿来掏 袄那儿 料理袄苦搭萨伊
中文 我要跟那个一样的菜。

日文 これを一個ください。
谐音 靠来袄衣靠苦搭萨伊
中文 这个,来一个。

日文 もう一つください。
谐音 毛 呵衣掏词 苦搭萨伊
中文 再来一个。

日文 取り皿をください。
谐音 掏里杂拉 袄苦搭萨伊
中文 请拿菜碟来。

日文 何か早くできるものはありますか。
谐音 那尼 卡 哈牙哭 待克衣路 毛脑哇阿里妈丝卡
中文 有什么上得快的菜吗?

日文 ビールを一本ください。
谐音 比一路袄衣碰苦搭萨伊
中文 来一瓶啤酒。

日文 あまり辛くしないでください。
谐音 阿妈里 卡拉哭 西那衣呆苦搭萨伊
中文 不要太辣了。

场景表达篇

词汇收藏夹

日文	酸っぱい (すっぱい)	甘い (あまい)	苦い (にがい)
谐音	丝×怕衣	阿妈衣	尼嘎衣
中文	酸	甜	苦

日文	辛い (からい)	塩辛い (しおからい)	うまい
谐音	卡拉衣	西袄 卡拉衣	五妈衣
中文	辣	咸	好吃

日文	渋い (しぶい)	臭い (くさい)	あっさりしている
谐音	西布衣	哭撒衣	阿×撒里西台衣路
中文	涩	臭	清淡

日文	こってりしている	油っこい (あぶらっこい)	ぴりぴりして辛い (ぴりぴりしてからい)
谐音	靠×台里西台衣路	阿布拉×靠衣	痞里痞里西台卡拉衣
中文	浓	油腻	麻辣

ファーストフード 快餐

短句

日文 テイクアウトでハンバーガーとコーヒーをお願いします。

谐音 台 哭阿屋掏呆汗 巴—嘎—掏靠—呵衣 袄袄耐嘎衣 西妈丝

中文 我要汉堡包和咖啡，带走。

日文 ホットドッグとオレンジジュースをください。
谐音 好 掏道 姑掏袄兰 几九— 丝袄苦搭萨伊
中文 我要热狗和橘子汁。

日文 マスタード抜きにしてください。
谐音 妈丝他—道努克衣 尼西台苦搭萨伊
中文 不要芥末。

日文 セットメニューはありますか。
谐音 赛 掏买牛— 哇阿里妈丝卡
中文 有没有套餐？

日文 ジュースのサイズは。
谐音 九— 丝脑撒衣滋哇
中文 你要大杯还是小杯？

日文 ラージ[スモール]をお願いします。
谐音 拉—几（丝毛 路）袄袄耐嘎衣 西马丝
中文 要大杯（小杯）的。

日文 ここで食べます。
谐音 靠靠呆他摆妈丝
中文 在这儿吃。

地道日语 想说就说

> **日文** 持ち帰ります。
> **谐音** 毛七 卡挨里 妈丝
> **中文** 带回去。

> **日文** ほかにご注文は。
> **谐音** 好卡尼高秋毛恩哇
> **中文** 还要别的吗?

> **日文** いいえ、ありません。
> **谐音** 衣一挨 阿里妈散恩
> **中文** 不要了。

> **日文** ここに座ってもいいですか。
> **谐音** 考考尼丝哇×台毛衣—呆斯卡
> **中文** 这儿可以坐吗?

词汇收藏夹

日文	テイクアウト	ハンバーガー	コーヒー
谐音	台衣哭阿屋掏	汗巴—嘎—	考—呵衣
中文	带走,打包（食物）	汉堡包	咖啡

日文	セットメニュー	ホットドッグ	オレンジジュース
谐音	赛×掏买牛—	好×掏道×姑	袄恋几九— 丝
中文	套餐	热狗	橘子汁

日文	マスタード	ピザ	マクドナルド
谐音	妈丝他—道	皮杂	妈哭道那路道
中文	芥末	比萨	麦当劳

日文	ケンタッキー
谐音	开 他×克医—
中文	肯德基

喫茶店・バーで　在咖啡馆、酒吧

短句

日文 彼女にはコーラ、私にはコーヒーをください。

谐音 卡闹叫尼哇考—拉 哇他西尼哇靠—呵衣袄苦搭萨伊

中文 给她来杯可乐，给我来杯咖啡。

日文 とりあえずビールをください。

谐音 掏里阿挨滋比—路袄苦搭萨伊

中文 先来啤酒吧。

日文 何か食べるものがほしいのですが。

谐音 那尼卡他摆路毛脑嘎 好细闹呆丝嘎

中文 想要点儿吃的。

日文 ウィスキーを1杯ください。

谐音 威丝克医 袄 衣趴衣苦搭萨伊

中文 来杯威士忌。

地道日语想说就说

日文 水割りをください。
谐音 米滋哇里袄 苦搭萨伊
中文 来杯兑水威士忌。

日文 ストレートでください。
谐音 丝掏来―掏呆 苦搭萨伊
中文 什么都不要加。

日文 オンザロックでお願いします。
谐音 袄嗯杂劳×哭呆 袄耐嘎衣西吗斯
中文 请加冰块。

日文 アルコール以外の飲み物はありますか。
谐音 阿路靠―路衣嘎衣脑脑米毛脑哇 阿里吗斯卡
中文 除了酒，还有别的饮料吗？

日文 1杯おごらせてください。
谐音 衣×趴衣 袄靠拉赛台苦搭萨伊
中文 我请你喝一杯。

日文 乾杯。
谐音 看趴衣
中文 干杯！

日文 もう1杯ください。
谐音 某一 衣×趴衣 苦搭萨伊
中文 再来一杯。

> 日文 ご健康をお祈りして乾杯！
> 谐音 高看考 袄袄衣脑里 西台 看趴衣
> 中文 祝您健康，干杯！

词汇收藏夹

日文	バー	ナイトクラブ	ブランデー
谐音	巴一	那衣掏哭拉布	布拦待
中文	酒吧	夜总会	白兰地

日文	カクテル	シャンパン	ワイン
谐音	卡哭台路	下恩盼	哇阴
中文	鸡尾酒	香槟酒	葡萄酒

日文	チョコレート	チーズ
谐音	巧靠来一掏	气一滋
中文	巧克力	干酪

苦情を言う 发牢骚

短句

> 日文 テーブルを拭いてください。
> 谐音 台一扑路袄努衣台苦搭萨伊
> 中文 请把桌子擦一下。

> 日文 グラスが汚れています。
> 谐音 姑拉丝嘎要高来 台衣妈丝
> 中文 杯子不干净。

日文 取り替えてください。
谐音 掏里嘎挨台苦搭萨伊
中文 请给换换。

日文 料理に髪の毛が入っています。
谐音 料一理尼 卡米脑开嘎哈衣×台衣吗斯
中文 菜里有头发。

日文 もういりません。
谐音 毛 衣里妈散恩
中文 好了，不要了。

日文 これは注文していません。
谐音 靠来哇秋毛恩 西台衣妈散恩
中文 我没点这个。

日文 料理がまだ来ないのですが。
谐音 料理嘎妈答靠那衣脑呆丝嘎
中文 菜怎么还没上来？

日文 注文を変更できますか。
谐音 秋毛恩袄 寒靠呆克医吗斯卡
中文 可以换换点的菜吗？

日文 さっき頼んだものをキャンセルできますか。

谐音 撒×克医　他闹恩答毛脑袄克洋赛路　呆克医妈斯卡

中文 刚才点的菜可以不要吗？

日文 料理が冷えてしまっているのですが。

谐音 料一理嘎　呵衣挨台西妈×台衣路脑呆斯嘎

中文 这个菜凉了。

日文 禁煙席を予約したはずです。

谐音 克应安塞克衣袄要牙哭西他哈滋呆斯

中文 我订的是无烟座位啊。

词汇收藏夹

日文	テーブル	グラス	禁煙席（きんえんせき）
谐音	台一扑路	古拉丝	克应安塞克医
中文	桌子	杯子	无烟座位

日文	注文する（ちゅうもんする）	ぐうぐう	食欲（しょくよく）
谐音	秋毛恩 丝路	故一故一咕噜（形容肚子饿）	小哭要哭
中文	点菜		胃口

场景表达篇

支払い 付账

短句

日文 お勘定をお願いします。
谐音 袄看叫　袄　袄耐嘎衣西妈丝
中文 请结账。

日文 いかがでしたか。
谐音 衣卡嘎呆西他卡
中文 味道怎么样?

日文 ご満足いただけましたか。
谐音 高满造哭　衣他答开妈西他卡
中文 您满意吗?

日文 おいしかった。
谐音 袄衣西卡×他
中文 真好吃。

日文 どこで払うのですか。
谐音 兜靠呆　哈拉五　脑呆斯卡
中文 在哪儿付钱?

日文 割り勘にしましょう。
谐音 挖里看尼西妈笑—
中文 咱们平摊吧。

日文 私がまとめて払います。
谐音 哇他西嘎 妈掏买台哈拉衣吗斯
中文 我来一起付。

日文 私にごちそうさせてください。
谐音 哇他西尼高七骚撒赛台苦搭萨伊
中文 我来请客吧。

日文 ドルで払ってもいいですか。
谐音 刀路呆 哈拉×呆毛衣―呆斯卡
中文 可以用美元付款吗？

日文 このクレジットカードは使えますか。
谐音 靠脑 哭来几×掏卡―道哇 词卡挨妈丝卡
中文 这个信用卡能不能用？

日文 領収書をください。
谐音 料秀小 祎苦搭萨伊
中文 请开发票。

日文 お釣りが違うようです。
谐音 祎词里 嘎 七嘎 五 要―呆丝
中文 好像找错了钱。

日文 計算が違うようです。
谐音 开桑嘎七嘎五要―呆丝
中文 好像算错了。

场景表达篇

日文 もう一度調べてください。
谐音 毛— 衣七道　西拉摆　台苦搭萨伊
中文 请你再点一遍。

日文 この料理は食べていません。
谐音 靠脑　料理哇他摆台衣妈散恩
中文 我们没吃这个菜。

日文 おつりはチップにとっておいてください。
谐音 祆词里哇　七×扑尼掏×台祆衣台苦搭萨伊
中文 不用找了。

词汇收藏夹

日文	割り勘する（わりかんする）	別々（べつべつ）	会計（かいけい）
谐音	哇里看丝路	摆呲 摆呲	卡衣开
中文	各付各的	分别	结账

日文	勘定（かんじょう）	奢る（おごる）	チップ
谐音	看叫—	祆高路	七×扑
中文	账单	请客	小费

第六章　買い物をする　购物

デパートで　在百货商店

短句

> **日文** このあたりにデパート[スーパー]はありますか。
> **谐音** 靠脑阿他里尼呆怕―掏[丝―怕―]哇阿里吗斯卡
> **中文** 这一带有购物中心（超市）吗？

> **日文** 衣料品売り場はどこですか。
> **谐音** 衣料呵因　五里八哇道靠呆斯卡
> **中文** 服装在哪儿卖？

> **日文** 靴を買いたいのですが。
> **谐音** 哭呲袄卡衣他衣脑呆丝嘎
> **中文** 我要买鞋。

> **日文** ウーロン茶を探しています。
> **谐音** 五一劳恩恰　袄撒嘎　西台衣吗斯
> **中文** 我在找乌龙茶。

> **日文** ただ見ているだけです。
> **谐音** 他搭　米呆衣路答开呆丝
> **中文** 我只是看看。

场景表达篇

地道日语 想说就说

日文 自分のサイズがよくわかりません。
谐音 几布恩 脑 撒衣滋 嘎 要哭 哇卡里妈散恩
中文 我不知道自己的尺寸。

日文 私のサイズを測ってください。
谐音 哇他西脑撒衣滋袄哈卡×台苦搭萨伊
中文 给我量量尺寸，好吗？

日文 これの色違いはありますか。
谐音 考来脑衣劳七嘎衣哇 阿里吗斯卡
中文 还有别的颜色的吗？

日文 それを見せてください。
谐音 骚来袄 米赛台苦搭萨伊
中文 给我看看那个。

日文 手にとってみてもいいですか。
谐音 台尼掏×台米呆毛衣—呆斯卡
中文 可以拿给我看看吗？

日文 もっと大きい[小さい]のはありませんか。
谐音 毛×掏 袄克医伊（七衣撒衣）脑哇阿里吗散 卡
中文 有没有再大（小）点儿的？

日文 これと同じものはありますか。
谐音 考来掏 袄那几毛脑哇阿里吗斯卡
中文 有跟这个一样的吗？

日文 試着してもいいですか。
谐音 西恰哭 西台毛衣—呆斯卡
中文 可以试穿吗?

日文 ぴったりです。
谐音 皮×他里呆丝
中文 正好。

日文 大き[小さ]すぎです。
谐音 袄克衣 [七衣撒衣] 丝哥衣 呆丝
中文 太大（小）了。

日文 これは気に入りません。
谐音 考来哇克医尼衣里妈散恩
中文 这个我不喜欢。

日文 どっちが似合うと思いますか。
谐音 兜×七嘎 尼阿五掏袄毛衣 吗斯卡
中文 你看，我穿哪个合适?

日文 これをください。
谐音 考来袄苦搭萨伊
中文 给我这个。

日文 いつ受け取れますか。
谐音 衣词五开掏来吗斯卡
中文 什么时候能取?

场景表达篇

日文 明日にはお渡しできます。
谐音 阿西他尼哇 袄哇他西呆克医吗斯
中文 明天就能取。

日文 では、お願いします。
谐音 呆哇 袄耐嘎衣西吗斯
中文 那就麻烦你了。

日文 これと同じものを三つください。
谐音 考来掏袄那几毛脑袄米×呲 苦搭萨伊
中文 来三个跟这个一样的。

日文 予算は一万円くらいです。
谐音 要桑哇 衣七满安哭拉衣呆丝
中文 我想买一万日元左右的。

日文 ここでしか買えないものはありますか。
谐音 靠靠呆西卡卡挨那衣毛脑哇 阿里吗斯卡
中文 有没有你们独家经销的东西?

日文 包んでください。
谐音 呲呲恩 呆苦搭萨伊
中文 请给我包一下。

日文 別々に包んでください。
谐音 卑呲卑呲 尼 呲呲恩 呆苦搭萨伊
中文 请分开包。

日文 ちょっと味を見て[試食をして]もいいですか。
谐音 悄×掏阿儿祆米台[西小哭祆西台]毛衣一呆斯卡
中文 可以尝尝吗？

日文 ビニール袋に入れてください。
谐音 比尼一路 布哭劳 尼 衣来台苦搭萨伊
中文 给我装到塑料袋里，好吗？

日文 紙袋をいただけますか。
谐音 卡米布哭劳祆衣他答开吗斯卡
中文 请给我纸袋子。

日文 全部でいくらですか。
谐音 赞布呆 衣哭拉呆斯卡
中文 一共多少钱？

日文 よく聞き取れません。
谐音 要哭 克医 克医掏来妈散恩
中文 我听不清楚。

日文 値段を紙に書いてください。
谐音 耐单祆 卡米尼卡衣台苦搭萨伊
中文 请把价钱写在纸上。

场景表达篇

日文 領収書をください。

谐音 料秀小袄苦搭萨伊

中文 请开发票。

词汇收藏夹

日文	じゅうたん	刺繍（ししゅう）	Tシャツ
谐音	旧—坦	西秀—	T下呲
中文	地毯	刺绣	T恤衫

日文	七宝焼（しっぽうやき）	ローヤルゼリー	清涼油（せいりょうゆ）
谐音	西×泡牙克医	劳—牙路栽里—	赛—料—油
中文	景泰蓝	蜂王浆	清凉油

日文	ボールペン	万年筆（まんねんひつ）	パールクリーム
谐音	抱—路盼	满南呵衣呲	八—路哭里—木
中文	圆珠笔	钢笔	珍珠霜

日文	絵はがき（えはがき）	シルク	扇子（せんす）
谐音	挨哈嘎克医	西路哭	散丝
中文	美术明信片	丝绸	扇子

自由市場で 在自由市场

短句

日文 このリンゴ一個いくら。
谐音 靠脑林一高衣×靠衣哭拉
中文 这苹果一个多少钱?

日文 １５０円です。
谐音 哈×啪哭高旧安呆斯
中文 150日元。

日文 高すぎる。
谐音 他卡丝哥衣路
中文 太贵了。

日文 少しまけてください。
谐音 丝靠西妈开台苦搭萨伊
中文 便宜点儿。

日文 １００円にしてくれませんか。
谐音 呵牙哭安尼西台哭来妈散恩卡
中文 100日元行不行?

日文 やっぱり高いよ。買うのをやめます。
谐音 牙×趴里 他卡衣要 卡五脑袄牙买吗斯
中文 还是贵了。我不买了。

场景表达篇

地道日语 想说就说

- **日文** 自分で選んでもいいですか。
- **谐音** 几布恩待 挨兰恩呆毛衣—呆斯卡
- **中文** 可以自己挑吗?

词汇收藏夹

日文	スイカ	ナシ	バナナ
谐音	丝衣卡	那西	八那那
中文	西瓜	梨	香蕉

日文	桃	葡萄	柿
谐音	毛毛	布刀—	卡克医
中文	桃	葡萄	柿子

日文	パイナップル	ミカン	ライチ
谐音	趴衣那×扑路	米看	拉衣七
中文	菠萝	橘子	荔枝

日文	サクランボ	栗（くり）	クルミ
谐音	撒哭拉恩包	哭里	哭路米
中文	樱桃	栗子	核桃

日文	ナツメ	リュウガン	クアズ
谐音	那呲梅	留—干	哭阿滋
中文	枣	龙眼	瓜子

薬屋で 在药店

短句

日文 風邪薬をください。
谐音 卡子诶压库欧 苦搭萨伊
中文 给我看看感冒药。

日文 頭痛薬はありますか。
谐音 兹呲屋压库瓦 阿里吗斯卡
中文 有头疼药吗?

日文 薬は一日に何回飲むのですか。
谐音 哭斯里哇 以其尼七尼 男卡伊闹木闹呆斯卡
中文 这种药一天吃几次?

日文 一日三回食後に服用してください。
谐音 以其尼奇三卡伊 小哭勾尼 肤腰屋西台苦搭萨伊
中文 一天三次,饭后服用。

日文 これはどのように飲むのですか。
谐音 考来挖 都闹腰屋尼 闹木闹呆斯卡
中文 这种药怎么吃?

日文 水虫に効く薬をください。
谐音 米兹木西尼卡哭哭斯里欧 苦搭萨伊
中文 给我看看治脚气的药。

地道日语 想说就说

日文 滋養強壮の薬はありますか。
谐音 机要克腰嗷闹苦思里哇 阿里吗思卡
中文 有没有补药?

日文 処方箋を書いてもらいたいのですが。
谐音 小候森欧 卡伊太某啦以他一闹呆斯嘎
中文 请给我开个方子,好吗?

日文 胃腸が弱く、あまり食欲がありません。
谐音 一窍嘎腰哇哭 阿马里小库要哭嘎 阿里马森嗯
中文 肠胃不好,没有食欲。

日文 冷え性なんです。
谐音 黑诶销男呆斯
中文 我有寒症。

词汇收藏夹

日文	鎮痛剤(ちんつうざい)	痔薬(じやく)	生理用品(せいりようひん)
谐音	亲茨屋咋以	机压库	斯欸里要黑恩
中文	镇痛剂	痔疮药	卫生巾

日文	紙おむつ(かみおむつ)	うがい薬(うがいくすり)	包帯(ほうたい)
谐音	卡密欧姆茨	屋噶一姑斯里	候一他伊
中文	纸尿布	含漱药水	绷带,纱布

日文	水虫薬（みずむしぐすり）	処方箋（しょほうせん）	消毒薬（しょうどくやく）
谐音	米兹姆西姑斯里	小后森嗯	笑都哭压库
中文	脚气药	处方	消毒药

日文	胃腸薬（いちょうやく）	痒み止め（かゆみどめ）	便秘薬（べんぴやく）
谐音	一窍压库	卡友咪都攻	奔批押哭
中文	胃肠药	止痒药	便秘药

日文	水薬（すいやく）	塗り薬（ぬりぐす）	飲み薬（のみぐす）
谐音	斯一压库	努里姑斯里	闹咪姑斯里
中文	药水	涂抹的药	服用药

日文	カプセル	軟膏（なんこう）	湿布（しっぷ）
谐音	卡普斯欸路	男扣	希×铺
中文	胶囊	软膏	敷布，贴布

日文	湿布薬（しっぷやく）	アスピリン	ビタミン剤（ビタミンざい）
谐音	希×铺压库	啊斯辟林	比他民—咋伊
中文	湿敷药	阿司匹林	维生素

日文	目薬（めぐすり）	のど飴（のどあめ）	タンポン
谐音	梅姑斯里	闹都阿梅	滩剂
中文	眼药水	喉糖	药纱布条，药棉球

日文	絆創膏（ばんそうこう）	ガーゼ	おむつ
谐音	班噉扣	嘎一子诶	欧木茨
中文	创可贴	绷带	尿布

场景表达篇

書店・レコード店・CDショップで
在书店、唱片店、CD店

短句

日文 辞書はどこにありますか。
谐音 机笑哇 都扣尼 阿里吗斯卡
中文 词典在哪儿?

日文 この国で今一番人気のある作家は誰ですか。
谐音 口闹哭尼带 一码以其班闹阿露 撒×卡哇 达来呆斯卡
中文 现在在日本最受欢迎的作家是谁?

日文 今月のベストセラーは何ですか。
谐音 困给茨闹卑斯偷斯欸啦—哇 男呆斯卡
中文 这个月最畅销的是什么书?

日文 この国の旅行ガイドはありますか。
谐音 考闹哭尼闹了扣噶一都挖 阿里吗斯卡
中文 有旅游指南吗?

日文 古本屋はありますか。
谐音 肤噜哄压哇 阿里吗斯卡
中文 有没有旧书店?

日文 この本を全部中国に送っていただけませんか。

谐音 考闹哄欧 兹恩部秋―沟哭尼 欧哭×太伊塔搭可诶吗森嗯卡

中文 能把这些书全都寄到中国吗?

日文 この国で今はやっている曲は何ですか。

谐音 考闹哭尼带 一码哈亚×太一路克腰哭哇 男呆斯卡

中文 现在在日本最流行的歌曲是什么?

日文 ポップスがいいです。

谐音 剖×铺斯嘎 一一呆斯

中文 我要流行歌曲。

日文 クラシックのCDがほしいのですが。

谐音 苦啦西×苦闹西递嘎 吼西一闹呆斯嘎

中文 我要买古典音乐的CD盘。

日文 この国の民俗音楽が聴きたいのですが。

谐音 口闹哭尼闹民邹哭欧恩噶哭嘎 克医 克医他一闹呆斯嘎

中文 我想听听日本的民族音乐。

场景表达篇

词汇收藏夹

日文	書店（しょてん）	レコード店（レコードてん）	CDショップ
谐音	萧特诶恩	来扣一都特诶恩	西递萧×铺
中文	书店	唱片店	CD店

日文	辞書（じしょ）	人気（にんき）	ベストセラー
谐音	机笑	您一克医	卑斯偷斯欸啦—
中文	词典	受欢迎，有人缘	畅销书

日文	旅行ガイド（りょこうガイド）	古本屋（ふるほんや）	ポップス
谐音	廖扣噶一都	辅路哄呀	剖×铺斯
中文	旅游指南	旧书店	流行歌曲，通俗歌曲

日文	クラシック
谐音	苦啦西×哭
中文	古典作品，古典音乐

カメラ店で 在照相器材店

短句

日文 この近くにフィルムを売っている店はありますか。
谐音 扣闹七卡哭尼 附一鲁姆欧 屋×台一路咪斯欤哇 阿里吗斯卡
中文 这附近有卖胶卷的商店吗?

日文 ３６枚取りのフィルムを二本ください。
谐音 三就楼哭吗伊偷里闹附一鲁姆欧 尼哄苦搭萨伊
中文 来两盒、36张的胶卷。

日文 このフィルムを現像してください。
谐音 口闹附一鲁姆欧 给诶揆西台苦搭萨伊
中文 请给我冲一下胶卷儿。

日文 焼き増し（引き伸ばし）をお願いします。
谐音 压克医马西 黑克一闹八西欧 欧耐嘎以系吗斯
中文 请给我加洗（放大）。

日文 レギュラーサイズに仕上げてください。
谐音 来歌友辣萨伊兹尼 西啊给台苦搭萨伊
中文 洗成普通规格的。

日文 カメラを修理してください。
谐音 卡梅啦欧 秀―利西台苦搭萨伊
中文 请给我修修相机。

场景表达篇

地道日语 想说就说

> **日文** 現像するのに時間はどれくらいかかりますか。
> **谐音** 给诶揍丝路闹你 机看哇 到来哭啦一卡卡里吗斯卡
> **中文** 冲卷要几天？

> **日文** 修理してもらうのにどれくらい時間がかかりますか。
> **谐音** 秀—利西台某啦屋闹尼 道类苦啦一集看嘎卡卡里吗斯卡
> **中文** 修理要多长时间？

> **日文** 電池を交換してください。
> **谐音** 电七欧 扣看西台苦搭萨伊
> **中文** 请给我换一下电池。

词汇收藏夹

日文	フィルム	電池（でんち）	カメラ
谐音	附一鲁姆	电七	卡梅拉
中文	胶卷	电池	照相机

日文	ビデオ	デジタルカメラ	ビデオカメラ
谐音	逼呆哦	呆机他路卡梅啦	逼呆哦卡梅拉
中文	录像机	数码相机	摄像机

日文	メーカー
谐音	梅—卡—
中文	制造厂家，厂商

値引き交渉　讨价还价

短句

日文 高いですね、もう少し安くなりませんか。

谐音 他卡伊呆斯内　某一丝扣西　雅思哭娜莉吗散恩卡

中文 太贵了，再便宜点儿吧。

日文 800円になりませんか。

谐音 哈×坡鸭哭恩妮　娜丽吗散恩卡

中文 800日元怎么样？

日文 三つ買ったら2000円にしてもらえますか。

谐音 密×茨卡×塔拉　尼森恩尼西台　某啦欸吗斯卡

中文 我买三个，2000日元行不行？

日文 ほかの店を見てみます。

谐音 后卡闹咪斯欸欧　咪太密吗斯

中文 我再到其他店看看。

日文 後でまた来ます。

谐音 啊偷呆　玛他克医吗斯

中文 我待会儿再来。

日文 OK、買いましょう。

谐音 欧可诶　卡伊妈笑

中文 好，我买了。

场景表达篇

日文 このワンピースはぴったりですね。
谐音 口闹万劈一斯哇 劈×他力呆斯耐
中文 这件连衣裙您穿上大小刚好。

日文 そうですか。これはいくらですか。
谐音 嗽呆斯卡 考来哇 衣裤啦呆斯卡
中文 是吗？这件多少钱？

日文 すみません。これはもうディスカウントしていますので。
谐音 斯密马散恩 考来哇 某一低斯卡问头西台一吗斯闹呆
中文 不好意思，因为这已经有折扣了。

日文 じゃ、またほかのを探します。
谐音 价 玛塔吼卡闹欧 萨嘎西吗斯
中文 那我再找其他的吧！

词汇收藏夹

日文	値段（ねだん）	定価（ていか）	高価な（こうかな）
谐音	耐但恩	台一卡	考一卡纳
中文	价格	定价	高价的

日文	税金（ぜいきん）	現金（げんきん）	ポイントカード
谐音	子诶一克医恩	给恩恩克医恩	剖印偷卡一都
中文	税金	现金	积分卡

地道日语 想说就说

日文	VIPカード	～割引（～わりびき）	2割引（にわりびき）
谐音	威哎劈卡一都	瓦里逼克医	尼瓦里逼克医
中文	贵宾卡	打~折	8折

トラブル　纠纷

短句

- 日文 数が足りません。
- 谐音 卡兹嘎 他哩吗散恩
- 中文 不够数。

- 日文 選んだものと品物が違っています。
- 谐音 欸啦恩搭某闹偷 西纳某闹嘎 其嘎×台一吗斯
- 中文 跟我挑的（东西）不一样。

- 日文 新しいのと取り替えてください。
- 谐音 阿他啦西一偷 偷里卡欸台 苦搭萨伊
- 中文 请给我换个新的。

- 日文 さっき言った値段と違います。
- 谐音 萨×克医 一×他耐旦偷 其嘎以吗斯
- 中文 跟你刚才说的价钱不一样。

- 日文 お釣りが違ってますよ。
- 谐音 欧茨里嘎其嘎×台吗斯腰
- 中文 找得不对。

场景表达篇

地道日语 想说就说

>日文 これを返品したいんですが。
>谐音 考来欧 黑恩拼—西塔印呆斯嘎
>中文 我想退这个东西。

>日文 どうしたんですか。
>谐音 兜—西他嗯呆斯卡
>中文 怎么了?

>日文 破ってしまいました。
>谐音 呀不×太西麻衣吗西他
>中文 破了。

>日文 不良品です。レシートをいただけませんか。
>谐音 肤料黑恩呆斯 来细—偷欧 以他大可诶吗散恩卡
>中文 这是不良品。您可以让我看一下发票吗?

>日文 レシートはここです。返金してもらえますか。
>谐音 来西—偷哇 考考呆斯 黑恩 克医恩西台毛拉诶吗斯卡
>中文 发票在这里。可以退钱吗?

>日文 すみません、返品しかできませんが…。
>谐音 斯密吗散恩 黑恩拼—西卡呆克医吗散恩嘎
>中文 对不起,只能换东西……

词汇收藏夹

日文	不良品（ふりょうひん）	返品（へんぴん）	取り替える（とりかえる）
谐音	肤料黑恩	黑恩拼—	偷哩卡欸路
中文	不良品	换货	换

日文	汚れる（よごれる）	壊れる（こわれる）	レシート
谐音	腰沟来路	扣哇来路	来西—偷
中文	弄脏	坏	发票

日文	領収証（りょうしゅうしょう）
谐音	料秀笑
中文	收据

场景表达篇

第七章　楽しむ　遊ぶ　休闲・游玩

観光　观光

短句

日文 観光案内所はどこにありますか。
谐音 看扣安那一叫哇　都扣尼阿里吗斯卡
中文 旅游服务处在哪儿？

日文 この町の地図をください。
谐音 考闹妈七闹七兹欧　哭搭萨伊
中文 给我一张市区地图。

日文 ここで予約ができますか。
谐音 考考呆　腰压库嘎　呆克医吗斯卡
中文 可以在这儿订吗？

日文 パンフレットはありますか。
谐音 盼肤来×偷哇　阿里吗斯卡
中文 有观光介绍吗？

日文 これはただですか。
谐音 考来哇　他搭呆斯卡
中文 这不要钱吗？

日文 半日[一日]のコースに乗りたいのです。
谐音 汗尼其[一七尼其]闹扣—斯尼　闹哩他一闹呆斯
中文 我想坐半日游（一日游）的。

>日文 東京の名所旧跡を見たいのですが。
>谐音 透克腰闹梅萧可又 斯欸 克医欧咪他一闹呆斯嘎
>中文 我想看看东京的名胜古迹。

>日文 中国語のガイドつきツアーはありますか。
>谐音 秋一沟哭沟闹噶一都茨克医呲啊一哇 阿里吗斯卡
>中文 有没有带中文导游的旅游团？

>日文 このツアーは何時間くらいかかりますか。
>谐音 考闹呲啊一哇 南机看苦辣一卡卡里吗斯卡
>中文 这个团要多长时间？

>日文 夜のコースには演劇鑑賞も入っていますか。
>谐音 腰路闹扣一斯尼哇 安该克医看笑一某哈衣太一吗斯卡
>中文 晚上的安排有看戏吗？

>日文 料金はいくらですか。
>谐音 料克医嗯哇 衣裤啦呆斯卡
>中文 （费用是）多少钱？

>日文 このツアーは食事つきですか。
>谐音 考闹呲啊一哇 小哭机茨克医呆斯卡
>中文 这个团带饭吗？

日文 入場は有料ですか。
谐音 牛—叫哇 有—料呆斯卡
中文 要买门票吗？

日文 入場料はいくらですか。
谐音 牛—叫料哇 衣裤啦呆斯卡
中文 门票要多少钱？

日文 今日は何時まで開いていますか。
谐音 克腰哇 男机麻袋黑啦以太一吗斯卡
中文 今天开到几点？

日文 写真を撮ってもいいですか。
谐音 虾信欧 偷×太某 一一呆斯卡
中文 可以照相吗？

日文 いいえ、ここは撮影禁止です。
谐音 一一诶 扣扣哇 搜茨诶克医嗯细呆斯
中文 不行，这儿禁止拍照。

日文 私の写真を撮っていただけませんか。
谐音 哇他西闹虾信欧 偷×太一他搭可诶吗散恩卡
中文 帮我照张相，好吗？

日文 ここを押すだけです。
谐音 考考欧 哦斯搭可诶呆斯
中文 只按下这儿就行了。

> 日文 フラッシュをたいてもいいですか。
> 谐音 肤啦×修欧 他一台某 一一呆斯卡
> 中文 可以用闪光灯吗?

> 日文 後で写真を送ります。
> 谐音 啊偷呆 虾信欧哦库里吗斯
> 中文 我会给你寄照片的。

> 日文 住所を書いてください。
> 谐音 就笑欧 卡一台苦搭萨伊
> 中文 请写下你的地址。

词汇收藏夹

日文	ツアー	コース	個人旅行（こじんりょこう）
谐音	呲啊—	扣—斯	扣基恩廖扣
中文	跟团旅行	行程	自助旅行

日文	旅行会社（りょこうがいしゃ）	日帰り（ひがえり）	半日（はんにち）
谐音	廖扣噶一下	黑嘎欤哩	汗尼七
中文	旅行社	当天来回	半天

日文	出発する（しゅっぱつする）	戻る（もどる）
谐音	修×趴茨思路	某都路
中文	出发	返回（原地）

场景表达篇

伝統芸能・祭り　传统艺术·节日

短句

日文 今日は何のお祭りですか。
谐音 克腰哇 男闹欧马刺里呆斯卡
中文 今天是什么节日？

日文 一番盛り上がるのは何時頃ですか。
谐音 一期办某里啊嘎路闹哇 男机沟楼呆斯卡
中文 什么时候最热闹？

日文 いつごろ始まったものですか。
谐音 一茨沟漏 哈机妈×他某闹呆斯卡
中文 是从什么时候开始的？

日文 どの時代のものですか。
谐音 都闹机大一闹某闹呆斯卡
中文 是哪个朝代的？

日文 何に由来するものですか。
谐音 男尼 由拉伊丝路某闹呆斯卡
中文 能不能给我讲讲它的来历？

日文 この服装で入れますか。
谐音 口闹肤哭嗽呆 哈衣来吗斯卡
中文 穿这服装可以进去吗？

词汇收藏夹

日文	節分（せつぶん）	豆まき（まめまき）	立春（りっしゅん）
谐音	斯欸茨部嗯	妈梅妈克医	哩×熊
中文	节分，立春前一天	撒豆子	立春

日文	立夏（りっか）	立秋（りっしゅう）	立冬（りっとう）
谐音	哩×卡	哩×秀	哩×透
中文	立夏	立秋	立冬

日文	鬼（おに）	福（ふく）	習わし（ならわし）
谐音	欧尼	肤库	那拉瓦西
中文	鬼	福气	习惯，风俗

歌舞伎・映画　歌舞伎・电影

短句

日文 歌舞伎を見たいのですが、今日どこかでやっていますか。

谐音 卡不克医欧咪他一闹呆斯嘎　克腰都扣卡带　压×台一吗斯卡

中文 我想看歌舞伎，今天在哪儿演？

日文 今、評判の映画は何ですか。

谐音 一妈　呵腰办闹欸一嘎哇　男呆斯卡

中文 现在最受欢迎的电影是什么？

地道日语 想说就说

日文 ここの今日の出し物は何ですか。
谐音 考考闹克腰闹搭西某闹哇 男呆斯卡
中文 今天这儿演什么?

日文 主役は誰ですか。
谐音 修压库哇 搭来呆斯卡
中文 主角是谁?

日文 何日までやっていますか。
谐音 男尼奇麻袋 呀×太一吗斯卡
中文 演到几号?

日文 チケットはどこで買えますか。
谐音 其可诶×偷哇 都扣带 卡欸吗斯卡
中文 在哪儿买票?

日文 席を予約したいのですが。
谐音 赛克医欧 腰压库西塔一闹呆斯嘎
中文 我想订座。

日文 今夜のチケットはまだありますか。
谐音 空呀闹其可诶×偷哇 妈搭阿里吗斯卡
中文 今天晚上的票还有吗?

日文 座席は指定ですか。
谐音 咂赛克医哇 西台一呆斯卡
中文 是对号入座吗?

日文 立ち見席はありますか。

谐音 他七咪赛克医哇 阿里吗斯卡

中文 卖站票吗？

日文 大人[子供]一枚。

谐音 欧偷呐[扣都某]一七麻衣

中文 一张大人票（儿童票）。

词汇收藏夹

日文	チケット	主演者（しゅえんしゃ）	ヒーロー
谐音	其可诶×偷	修摁下	喝——喽
中文	（电影）票	主角	男主角

日文	ヒロイン	開演（かいえん）	終演（しゅうえん）
谐音	喝一喽印	咔一嗯	秀嗯
中文	女主角	开演	散场

日文	近寄る（ちかよる）	感動（かんどう）	面白い（おもしろい）
谐音	其卡腰噜	看嗯斗—	欧某西楼一
中文	靠近	感动	有意思

日文	つまらない	まえもって
谐音	呲吗啦那一	卖某×台
中文	无聊，没意思	事先

场景表达篇

カラオケ 卡拉OK

短句

- **日文** カラオケに行きたいのですが、いい店を紹介してください。
- **谐音** 卡拉欧可诶尼 一克医他一闹呆斯噶 一一咪赛欧 笑卡伊西台 哭搭萨伊
- **中文** 我想去卡拉OK，你知道哪个店好？

- **日文** 花園飯店の紹介で来ました。
- **谐音** 哈呐邹闹汗天闹笑卡伊带 克医吗西他
- **中文** 我是花园饭店介绍来的。

- **日文** 料金システムはどうなってますか。
- **谐音** 料克医嗯西斯台木哇 斗一那×台吗斯卡
- **中文** 怎么收费？

- **日文** 延長料金はいくらですか。
- **谐音** 嗯敲料克医恩哇 衣裤啦呆斯卡
- **中文** 延长是多少钱？

- **日文** 何時まで開いていますか。
- **谐音** 男机麻袋 黑啦一台一吗斯卡
- **中文** 几点关门？

- **日文** 機械の操作を教えてください。
- **谐音** 克医卡伊闹嗽一萨欧 欧西欸台 哭搭萨伊
- **中文** 请教教我这机器怎么用？

日文 歌のリストを見せてください。
谐音 屋他闹里斯偷欧 咪赛台哭搭萨伊
中文 给我看一下歌本。

日文 中国の歌はありますか。
谐音 秋一沟哭闹屋他哇 阿里吗斯卡
中文 有中国歌吗？

日文 リクエストします。
谐音 哩哭欸斯偷系吗斯
中文 我要点歌。

日文 中国語で歌います。
谐音 秋一沟哭够带 屋他一吗斯
中文 用中文唱。

日文 お上手ですね。
谐音 欧叫兹呆斯耐
中文 唱得好！

日文 デュエットしてもらえますか。
谐音 丢欸×偷西台 某啦欸吗斯卡
中文 咱们一起唱二重唱，好吗？

日文 うまいぞ！アンコール！
谐音 屋吗一造 安扣一路
中文 好！再唱一个吧！

场景表达篇

词汇收藏夹

日文	カラオケボックス	とんでもない	プロ
谐音	卡拉欧可诶 波偶哭斯	屯呆某那一	扑喽
中文	卡拉OK包厢	没有的事，哪里哪里	专业

日文	歌手（かしゅ）	かなう	曲（きょく）
谐音	卡秀	看那呜	克腰哭
中文	歌手	匹敌	曲（歌及曲的数量词）

ディスコ 迪斯科

短句

日文 この近くにディスコはありますか。

谐音 考闹七卡哭尼 滴斯扣哇 阿里吗斯卡

中文 这附近有迪厅吗？

日文 入場料はいくらですか。

谐音 拗一叫料哇 衣裤啦呆斯卡

中文 门票多少钱？

日文 ドリンクは含まれていますか。

谐音 都林一哭哇 肤哭吗来台一吗斯卡

中文 带不带饮料？

日文 何時からですか。
谐音 男机卡拉呆斯卡
中文 几点开门?

日文 何時までやっていますか。
谐音 男机麻袋 呀×台一妈斯卡
中文 几点关门?

日文 踊りが上手ですね。
谐音 欧都哩嘎 叫兹呆斯耐
中文 你跳得真好!

日文 一緒に踊りませんか。
谐音 一×笑尼 欧都哩妈森一卡
中文 一起跳吧。

日文 王さん、踊りが上手ですね。
谐音 欧桑 欧都哩嘎 叫兹呆斯耐
中文 小王,你跳得真好啊。

日文 いいえ…じゃあ、一緒に踊りませんか。
谐音 一一诶 价 一×笑尼欧兜里吗散恩卡
中文 哪里……那我们一起跳吧。

场景表达篇

词汇收藏夹

日文	ディスコ	入場料（にゅうじょうりょう）	ドリンク
谐音	迪斯扣	拗—叫料	兜林—哭
中文	迪斯科	门票	饮料

日文	踊り（おどり）	リズム	さあ
谐音	欧兜哩	哩兹木	萨啊
中文	舞蹈	节奏	喂，嗨（表示劝诱、催促或自己下决心）

スポーツ観戦　观看体育比赛

短句

日文 今日サッカーの試合はありますか。

谐音 克腰仁×卡—闹西阿伊哇 阿里吗斯卡

中文 今天有足球比赛吗？

日文 サッカー場はどこにありますか。

谐音 仨×卡—叫哇 兜扣尼阿里吗斯卡

中文 足球场在哪儿？

日文 競技場にはどうやっていくのですか。

谐音 克腰 各一叫泥瓦 斗压×台衣裤闹呆斯卡

中文 到赛场怎么走？

> **日文** チケットはどこで買うのですか。
> **谐音** 其可诶×偷瓦 都扣呆 卡屋闹呆斯卡
> **中文** 在哪儿买票?

> **日文** 今日の卓球の試合は何時からですか。
> **谐音** 克腰闹他×可又闹西阿伊哇 男机卡拉呆斯卡
> **中文** 今天的乒乓球比赛几点开始?

> **日文** がんばれ。
> **谐音** 杆八来
> **中文** 加油!

> **日文** サッカーの試合を見よう。
> **谐音** 萨×卡—闹西啊一欧 咪要—
> **中文** 我们来看足球比赛吧。

> **日文** 今日はどのチームですか。
> **谐音** 克腰哇 都闹七—木呆斯卡
> **中文** 今天是哪些队?

场景表达篇

词汇收藏夹

日文	野球（やきゅう）	相撲（すもう）	現場（げんば）
谐音	压克又	斯某—	给恩八
中文	棒球	相扑	现场

日文	試合（しあい）	観戦する（かんせんする）	チーム
谐音	西阿伊	看—森斯噜	七一木
中文	比赛	看比赛	队伍

日文	勝つ（かつ）	負ける（まける）	メダル
谐音	卡茨	妈可诶路	梅搭噜
中文	获胜	输	奖牌

日文	接戦する（せっせんする）	がっかりする
谐音	斯欸×森思路	嘎×卡利思路
中文	比分接近	失望

サウナ・マッサージ 桑拿・按摩

短句

- **日文** この近くにサウナはありますか。
- **谐音** 扣闹其卡哭尼 萨屋那娃 阿里吗斯卡
- **中文** 这附近有没有桑拿浴？

- **日文** どんなコースがありますか。
- **谐音** 炖那口—斯嘎 阿里吗斯卡
- **中文** 都有些什么服务项目？

- **日文** お勧めのコースはどれですか。
- **谐音** 欧思思梅闹 扣—斯哇 都来呆斯卡
- **中文** 你们推荐的是哪个？

日文 では、このコースをお願いします。
谐音 呆哇 口闹扣—斯欧 欧内嘎一西吗斯
中文 好，那我就来这个吧。

日文 あかすりをお願いします。
谐音 阿卡斯哩欧 欧耐嘎一西吗斯
中文 我要搓澡。

日文 マッサージ付きですか。
谐音 妈×萨—机茨克医呆斯卡
中文 带按摩吗？

日文 指圧をしてもらえますか。
谐音 西啊茨欧 西台某啦欸吗斯卡
中文 能帮我做一下指压吗？

日文 足[頭]のマッサージをお願いします。
谐音 阿西[阿塔妈]闹妈×萨—机欧欧耐嘎一西吗斯
中文 请给我按摩一下脚（头）。

日文 痛い！
谐音 一他一
中文 哎哟，好疼啊！

日文 もう少し弱くもんでください。
谐音 某— 斯抠西 要哇哭 某恩带 苦搭萨伊
中文 请轻点儿！

场景表达篇

地道日语想说就说

日文 パックをお願いします。
谐音 趴×哭欧 欧耐嘎一西吗斯
中文 给我贴一下面膜,好吗?

日文 カッピングをお願いします。
谐音 卡×逼嗯孤欧 欧耐嘎一西吗斯
中文 给我拔拔罐儿。

日文 ああ、いい気持ちでした。ありがとう。
谐音 啊啊 ——克医某七呆西他 阿里嘎偷—
中文 啊,好舒服!谢谢。

词汇收藏夹

日文	サウナ	マッサージ	垢すり(あかすり)
谐音	萨屋那	妈×萨一机	阿卡斯里
中文	桑拿	按摩	搓澡

日文	パック	カッピング
谐音	趴×哭	卡×逼嗯孤
中文	面膜	拔罐儿

第八章 郵便局で　在邮局

短句

日文 郵便局は何時に開きますか。
谐音 油比恩克腰哭哇　男机尼　黑啦克医吗斯卡
中文 邮局几点开门？

日文 何時までやっていますか。
谐音 男机麻袋　呀×台以吗斯卡
中文 几点关门？

日文 ポストはどこですか。
谐音 剖斯头哇　都扣呆斯卡
中文 邮筒在哪儿？

日文 切手を買いたいんです。
谐音 克医×台欧　卡伊他印呆斯
中文 我想买邮票。

日文 １００円切手を十枚ください。
谐音 黑呀哭嗯克医×台欧　就吗伊苦搭萨伊
中文 请给我10张100日元的邮票。

日文 記念切手はありますか。
谐音 克医念克医×台哇　阿里吗斯卡
中文 有纪念邮票吗？

场景表达篇

日文 各種１シートずつください。
谐音 卡哭修一七西一偷兹茨 苦搭萨伊
中文 一样来一套。

日文 これを中国に出したいのですが。
谐音 考来欧 秋一沟哭尼 搭西他一闹呆斯卡嘎
中文 我要把这个寄到中国。

日文 航空便でいくらですか。
谐音 扣哭比恩戴 衣裤啦呆斯卡
中文 寄航空信多少钱？

日文 書留にしてください。
谐音 卡克医偷没尼 西台苦搭萨伊
中文 要挂号。

日文 何日くらいかかりますか。
谐音 男尼七苦辣一 卡卡里吗斯卡
中文 得几天？

日文 折り曲げないでください。
谐音 欧哩妈个诶那一带 苦搭萨伊
中文 请不要折叠。

日文 中身は何ですか。
谐音 那卡密哇 男呆斯卡
中文 里边是什么？

日文 印刷物です。

谐音 印萨茨部茨呆斯

中文 是印刷品。

日文 全部身の回りの品です。

谐音 怎一不 密闹吗挖哩闹西那呆斯

中文 都是随身物品。

日文 中身は10000円相当です。

谐音 那卡密哇 以其慢嗯嗽透呆斯

中文 里边的东西价值10000日元。

日文 保険をかけたいのですが。

谐音 候可诶嗯欧 卡可诶他一闹呆斯卡嘎

中文 我想上保险。

词汇收藏夹

日文	普通郵便（ふつうゆうびん）	船便（ふなびん）	絵葉書（えはがき）
谐音	肤茨—油比恩	肤呐比恩	欸哈噶克一
中文	平信	船邮	美术明信片

日文	封筒（ふうとう）	小包（こづつみ）	新聞（しんぶん）
谐音	肤—透	抠兹茨咪	信布恩
中文	信封	包裹	报纸

日文	雑誌（ざっし）	書籍（しょせき）	衣料品（いりょうひん）
谐音	唖×西	小斯欸 克医	一料喝一恩
中文	杂志	书籍	衣料

日文	漢方薬（かんぽうやく）	壊れ物（こわれもの）	フロッピーディスク
谐音	看坡偶压库	口哇来某闹	肤喽×屁一滴斯库
中文	中药	易碎品	软磁盘

日文	差出人（さしだしにん）	受取人（うけとりにん）	住所（じゅうしょ）
谐音	萨西搭西尼恩	屋可诶偷哩尼恩	就一萧
中文	寄信人	收信人	地址

第九章　電話をする　打电话

短句

- **日文** 近くに公衆電話はありますか。
- **谐音** 七咖枯昵 抠一休屋呆安哇 哇啊哩吗斯卡
- **中文** 这附近有公用电话吗?

- **日文** テレホンカードはどこで買えますか。
- **谐音** 胎来哄喀一豆哇　都抠呆咖哎吗斯卡
- **中文** 在哪儿买电话卡?

- **日文** お電話をお借りできますか。
- **谐音** 噢呆安哇噢 噢咖哩呆科伊吗斯卡
- **中文** 能用一下电话吗?

- **日文** 電話の使い方を教えてください。
- **谐音** 呆安哇脑呲咖衣咖它噢 噢西哎台苦搭萨伊
- **中文** 请教教我这电话怎么打。

- **日文** いくら入れるのですか。
- **谐音** 衣枯啦衣来噜脑呆斯卡
- **中文** 要放进多少钱?

- **日文** 代わりに電話をかけてください。
- **谐音** 咖哇哩昵 呆安哇噢 卡开台苦搭萨伊
- **中文** 请帮我打个电话吧。

日文 この番号に電話したいのです。
谐音 口脑办安购—昵 呆安哇西它伊闹呆死
中文 我想往这儿打电话。

日文 もしもし。加藤ですが、～さんをお願いします。
谐音 毛西毛西　咖偷—呆死嘎　～仨恩噢　噢奈嘎伊西吗思
中文 喂。我叫加藤，我想找～。

日文 どちら様ですか。
谐音 都七啦仨吗呆斯卡
中文 您哪位？

日文 内線１２３をお願いします。
谐音 那伊散恩 伊七 昵 仨安 噢 噢奈嘎伊西吗斯
中文 请接分机123号。

日文 すみません、外出中です。
谐音 思眯吗散恩　嘎伊休呲丘—呆斯
中文 对不起，他（她）出去了。

日文 すみません、掛け間違えました。
谐音 思眯吗科伊　咖开吗七嘎哎吗西它
中文 对不起，打错了。

日文 伝言をお願いできますか。
谐音 呆安 该安噢 噢奈嘎伊呆克医吗斯卡
中文 帮我传个话，好吗？

日文 加藤から電話があったと 伝えてください。
谐音 咖偷―咖啦 呆安哇嘎啊×它偷 呲它哎台苦搭萨伊
中文 就说加藤给他来过电话。

日文 ～ホテルに泊まっています。
谐音 ～吼台噜昵 偷吗×台伊吗思
中文 我住在～饭店。

日文 よく聞こえません。
谐音 哟枯克医抠哎吗散恩
中文 听不清。

日文 もっとゆっくり話してください。
谐音 猫×偷 优×枯哩 哈呐西台苦搭萨伊
中文 请再说慢点儿。

日文 国際電話をかけたいのですが。
谐音 口枯萨伊呆安哇噢 咖科哀她伊脑呆斯嘎
中文 我想打国际电话。

地道日语想说就说

日文 鈴木さんにコレクトコールでお願いします。

谐音 思资科伊仨安昵 口来枯偷口—路呆 噢奈嘎伊西吗思

中文 请接铃木,是打对方付款的。

日文 番号はペキン010-12345678。

谐音 办安够—哇 拍科伊安 噢伊七噢-伊七 昵 仨安哟安 沟 老枯 西七 哈七

中文 电话号码是北京010—12345678。

词汇收藏夹

日文	もしもし	いらっしゃる	つなぐ
谐音	毛西毛西	伊啦×虾路	呲那估
中文	喂(接电话)	在(いる的敬语)	转接(电话)

日文	連絡する(れんらくする)	内線(ないせん)	間違える(まちがえる)
谐音	来安啦枯思噜	那伊散恩	吗七嘎哎路
中文	联络	分机	弄错

日文	邪魔(じゃま)	話す(はなす)
谐音	家吗	哈那思
中文	打扰	说话

第十章 地方へ移動する 四方出行

飛行機で 坐飞机(出行)

1. 予約する 预约

短句

- **日文** 九州行きを予約したいのですが。
- **谐音** 克医呦—休— 伊克医噢 要呀枯西她伊脑呆斯嘎
- **中文** 我想订到九州的飞机票。

- **日文** 5月23日は空いていますか。
- **谐音** 沟嘎呲 昵旧—仨安昵七哇 啊伊台衣吗斯卡
- **中文** 5月23日的机票还有吗?

- **日文** 沖縄まで エコノミークラスはいくらですか。
- **谐音** 哦哥伊那哇吗呆 哎抠脑眯—枯啦思哇 伊哭啦呆斯卡
- **中文** 到冲绳的经济舱多少钱?

- **日文** 往復[片道]をお願いします。
- **谐音** 噢—夫枯[咖她眯七]噢 噢奈嘎伊西吗斯
- **中文** 要往返的(单程的)。

- **日文** もっと早い便はありませんか。
- **谐音** 毛×偷 哈呀伊逼恩哇 啊哩吗散恩卡
- **中文** 有没有再早一点的航班?

场景表达篇

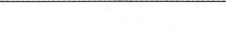

>日文 午後五時ごろに出発する大阪行きの便はありますか。
>谐音 沟沟 沟机沟喽昵 休×扒呲思噜 噢噢仁咖哟克医脑逼恩哇 啊哩吗斯卡
>中文 有下午5点左右去大阪的班机吗？

>日文 何時発ですか。
>谐音 那安机哈呲呆斯卡
>中文 几点起飞？

>日文 神戸には何時に着きますか。
>谐音 抠一掰昵哇 那安机昵呲克医吗斯卡
>中文 几点到神户？

>日文 航空券はどこでもらえますか。
>谐音 抠一酷一科哎安哇 都抠呆 毛啦哎吗斯卡
>中文 在哪儿取机票？

>日文 この便では食事が出ますか。
>谐音 抠脑逼恩呆哇 削枯机嘎呆吗斯卡
>中文 这次航班提供便餐吗？

词汇收藏夹

>日文	空港（くうこう）	飛行機（ひこうき）	チケット
>谐音	枯一抠一	喝伊抠一克医	七科哎×偷
>中文	机场	飞机	飞机票

日文	予約する（よやくする）	キャンセルする	キャンセル待ち（キャンセルまち）
谐音	哟呀枯思噜	克医啊安塞噜思噜	克医啊安塞噜吗七
中文	预约	取消	候补，等退票

日文	空席（くうせき）	満員（まんいん）
谐音	枯—塞克医	慢伊嗯
中文	空位	客满

2. 予約の変更　变更预约

短句

日文 予約を変更したいのですが。

谐音 哟呀枯噢　还安抠—西她伊脑呆斯嘎

中文 我想换一下航班。

日文 この予約を取り消して、明日の便にしていただけませんか。

谐音 抠脑哟呀枯噢　偷哩科哎思台　啊思她脑逼恩呢思台　伊塌搭克诶吗散恩卡

中文 取消这个，改订明天的航班，行吗？

日文 もっと遅い［早い］便に変更したいのですが。

谐音 毛×偷　哦搜伊［哈呀伊］逼恩呢　还安抠伊思她伊脑呆斯嘎

中文 我想改坐再晚（早）一点的航班。

地道日语 想说就说

日文 割増料金がかかりますか。
谐音 哇哩吗西克医恩嘎 咖咖哩吗斯卡
中文 要加钱吗?

日文 それにしてください。
谐音 嗷莱昵西台苦搭萨伊
中文 那就要那个吧。

日文 チケットを見せてください。
谐音 七科哎×偷哦 眯塞台苦搭萨伊
中文 请让我看一下票。

日文 今週は3月22日ならば空席があります。
谐音 抠嗯休—哇 仁安嘎呲 昵旧—昵昵七捺啦吧 枯—塞克医嘎 啊哩吗斯卡
中文 这一周3月22日那天有空位。

日文 はい、かしこまりました。
谐音 哈— 咖西抠吗哩吗西他
中文 好的,我知道了。

词汇收藏夹

日文	変更する（へんこうする）	取り消す（とりけす）	割増料金（わりましりょうきん）
谐音	黑恩抠—思路	偷哩科哎思	哇哩吗西料—克医嗯
中文	换,更换	取消	加钱

日文	延長（えんちょう）	片道（かたみち）	往復（おうふく）
谐音	嗯悄一	卡她眯七	哦一夫枯
中文	晚点	单程	往返

3. チェックイン 登机手续

短句

日文 飛行場まで行ってください。
谐音 喝伊扣一浇吗呆 伊×台 苦搭萨伊
中文 我要去机场。

日文 空港へ行くリムジンバスは ありますか。
谐音 枯一抠一哎伊枯 哩木机嗯八思哇 啊哩吗斯卡
中文 有没有去机场的班车?

日文 空港使用料はどこで支払うのですか。
谐音 枯一抠一西哟一料一哇 都抠呆 西哈啦屋脑呆斯卡
中文 机场费在哪儿付?

日文 国際便の入場口はどこですか。
谐音 抠枯萨伊逼恩脑 牛一叫一估七哇 都抠呆斯卡
中文 国际航班的入口在哪儿?

日文 カートはどこにありますか。
谐音 咖一偷哇 都抠昵啊哩吗斯卡
中文 手推车在哪儿?

地道日语 想说就说

日文 この便の搭乗手続きはどこですか。
谐音 抠脑逼恩脑偷—交—呲资克医哇 都抠呆斯卡
中文 这个航班的搭乘手续在几号窗口办?

日文 成田には何時に着きますか。
谐音 那哩她昵哇 那安机昵 呲克医吗斯卡
中文 几点到成田机场?

日文 国内便はどこで手続きするのですか。
谐音 抠枯那伊逼恩哇 都抠呆 台呲资克医思噜脑呆斯卡
中文 国内航班在哪儿办手续?

日文 空港使用料はどこで支払うのですか。
谐音 枯—抠— 思哟—料—哇 都扣呆 思哈啦屋脑呆思咖
中文 机场使用费在哪儿交?

日文 通路側［窓側］の席をお願いします。
谐音 呲—捞嘎哇[吗兜嘎哇]脑塞克医噢 噢奈嘎伊西吗斯
中文 请给我靠过道(窗户)的。

日文 禁煙席［喫煙席］をお願いします。
谐音 克医安哎安塞克医[七哎安塞克医]噢 噢奈嘎伊西吗斯
中文 请给我无(吸)烟座位。

> **日文** どのくらい遅れますか。
> **谐音** 都脑枯啦伊 哦枯来吗斯卡
> **中文** 要晚多久?

> **日文** 申し訳ありませんが、あなたの席はありません。
> **谐音** 毛一西哇开啊哩吗散恩嘎 啊呐她脑塞克医哇啊哩吗散恩
> **中文** 对不起,没有你的座位。

> **日文** ちゃんと予約確認をしました。
> **谐音** 七啊恩偷 哟呀枯咖昵嗯欧西吗西她
> **中文** 我已经确认过了。

> **日文** 係りの人の名前は～です。
> **谐音** 卡卡哩闹喝伊偷闹哪吗哎哇 ～呆斯
> **中文** 接待我的人叫～。

> **日文** なんとしても乗せてください。
> **谐音** 那嗯偷西台毛 脑塞台苦搭萨伊
> **中文** 你们得想办法让我上飞机。

场景表达篇

词汇收藏夹

日文	カウンター	チェックイン	航空会社（こうくうがいしゃ）
谐音	卡屋嗯她—	七哎×枯伊恩	抠—枯—嘎伊虾
中文	柜台	报到	航空公司

日文	～便（～びん）	パスポート	搭乗券（とうじょうけん）
谐音	～币嗯	扒思泡—偷	偷—教—科哎嗯
中文	～班机	护照	登机证，机票

日文	搭乗口（とうじょうぐち）	出発（しゅっぱつ）	出発地（しゅっぱつち）
谐音	偷—教—估七	休×扒呲	休×扒呲七
中文	登机口	出发	出发地点

日文	目的地（もくてきち）	国際線（こくさいせん）	空港使用料（くうこうしようりょう）
谐音	毛枯台克医七	抠枯萨伊散恩	枯—抠—西哟—料—
中文	目的地	国际航班	机场费

日文	搭乗ゲート（とうじょうゲート）
谐音	偷—叫—钙—偷
中文	登机门

鉄道で 利用铁路（出行）

短句

日文 切符売り場はどこですか。
谐音 克医夫枯屋哩哇 都抠呆斯卡
中文 售票处在哪儿？

日文 京都までの片道切符を大人１枚ください。
谐音 克医奥—偷吗呆脑 咖她眯七克医夫哦 哦偷呐伊七吗伊 苦搭萨伊
中文 要一张去京都的大人票。

日文 京都までの往復切符をください。
谐音 克医奥—偷吗呆脑 哦—夫枯克医夫哦 苦搭萨伊
中文 我要去京都的往返票。

日文 １１時３０分発京都行き片道切符を１枚ください。
谐音 旧—衣七级 仁安旧—夫嗯哈呲 克医奥—偷优克医 咖她眯七克医×铺哦 伊七吗伊苦搭萨伊
中文 给我一张11点30分到京都的票。

日文 一番上の寝台にしてください。
谐音 伊七班安屋哎脑新嗯她伊昵西台 苦搭萨伊
中文 我要上铺。

日文 この切符をキャンセルしたいのですが。

谐音 考脑克医×铺枯哦 克医啊恩塞噜西她伊 脑呆斯嘎

中文 我想退掉这张票。

日文 電車の出発時間を知りたいのですが。

谐音 呆恩虾脑 休×扒呲级看嗯哦 西哩她伊脑呆斯嘎

中文 我想知道开车时间。

日文 神戸には何時に着きますか。

谐音 抠一掰尼哇 那嗯级尼 呲克医吗斯卡

中文 几点到神户？

日文 途中下車できますか。

谐音 偷丘一该虾呆克医吗斯卡

中文 能半路下车吗？

日文 北海道行きの列車はどのホームから出ますか。

谐音 吼×咖伊都伊克医脑莱虾哇 兜脑号一木卡啦呆吗斯卡

中文 开往北海道的是哪个站台？

日文 すみません、通してください。

谐音 思眯吗散恩 偷哦西台苦搭萨伊

中文 借光儿，让我过去一下。

> **日文** すみませんが、席を替わっていただけますか。
> **谐音** 思眯吗散恩嘎 塞克医哦咖哇×台 衣她搭开吗斯卡
> **中文** 对不起,换换座位行吗?

> **日文** ここは私の席です。
> **谐音** 考考哇 哇她西脑塞克医呆斯
> **中文** 这是我的座位。

> **日文** 食堂車は開いていますか。
> **谐音** 消枯都—哇 啊伊台伊吗斯卡
> **中文** 餐车开了吗?

> **日文** 食堂車は何号車ですか。
> **谐音** 消枯都—哇 那嗯够虾呆斯卡
> **中文** 餐车是几号车厢?

> **日文** トイレはどこですか。
> **谐音** 偷伊莱哇 兜考呆斯卡
> **中文** 厕所在哪儿?

> **日文** 次に停まるのはどこの駅ですか。
> **谐音** 呲哥伊尼 偷吗噜脑哇 兜考脑哎克医呆斯卡
> **中文** 下一站在哪儿停?

地道日语 想说就说

日文 この列車はここにどれぐらい停まりますか。
谐音 抠脑来×虾哇 抠抠昵 都来估啦伊 偷吗哩吗斯卡
中文 这趟车在这儿停多久?

日文 乗り越してしまいました。
谐音 脑哩抠西台 西吗伊吗西她
中文 坐过站了。

日文 乗り遅れてしまいました。
谐音 脑哩欧枯来台 西吗伊吗西她
中文 我没赶上车。

词汇收藏夹

日文	一等車（いっとうしゃ）	二等車（にとうしゃ）	大人（おとな）
谐音	伊×透―虾	昵透―虾	哦偷呐
中文	软席	硬座	大人

日文	子供（こども）	一等寝台（いっとうしんだい）	二等寝台（にとうしんだい）
谐音	抠兜猫	伊×透―新嗯大伊	昵透―新嗯大伊
中文	儿童	软卧	硬卧

日文	上段寝台（じょうだんしんだい）	中段寝台（ちゅうだんしんだい）	下段寝台（かだんしんだい）
谐音	嚼―搭嗯新嗯大伊	丘―淡嗯新嗯大伊	咖搭嗯新嗯大伊
中文	上铺	中铺	下铺

日文	片道切符（かたみちきっぷ）	往復切符（おうふくきっぷ）	時刻表（じこくひょう）
谐音	卡他眯七克医×铺	哦―夫枯克医×铺	机抠枯喝要―
中文	单程票	往返票	列车时刻表

日文	車掌（しゃしょう）	食堂車（しょくどうしゃ）
谐音	虾销―	销枯都―虾
中文	列车员	餐车

场景表达篇

第十一章 友達になる・訪問する
交友・访问

友達になる 交友

短句

日文 この土地の人ですか。
谐音 抠脑偷七脑喝伊偷呆斯卡
中文 您是本地人吗?

日文 どこへ行くのですか。
谐音 都抠哎伊哭脑呆斯卡
中文 您上哪儿?

日文 外国からいらしたのですか。
谐音 嘎伊抠枯咖啦 伊啦西她脑呆斯卡
中文 是从外国来的吗?

日文 はい、中国から来ました。
谐音 哈伊 秋一沟枯咖啦克医吗西她
中文 嗯,是从中国来的。

日文 お名前は。
谐音 哦哪吗哎哇
中文 您叫什么名字?

日文 張軍といいます。
谐音 悄—枯姑恩偷 伊伊吗斯
中文 我叫张军。

日文 大学で日本文学を専攻しています。
谐音 达伊嘎枯呆 昵哄不恩嘎枯哦 塞恩抠—西台伊吗思
中文 我在大学学日本文学。

日文 あなたの趣味は何ですか。
谐音 啊那她脑休眯哇 那嗯呆斯卡
中文 你有什么爱好？

日文 音楽を聴くことです。
谐音 哦嗯嘎枯哦科伊枯抠偷呆斯
中文 喜欢听音乐。

日文 一緒に写真を撮りましょう。
谐音 伊×销—昵 虾新嗯欧 偷哩吗笑—
中文 一起照张相吧。

日文 （メモ帳を出して）住所を書いてください。
谐音 （麦毛俏—欧搭西台）旧—销哦卡伊台苦搭萨伊
中文 （拿出记事本）请写下你的地址。

场景表达篇

日文 明日、私の家にいらっしゃいませんか。
谐音 啊西他 哇她西脑伊哎昵 伊拉×虾伊吗<u>散恩</u>卡
中文 明天到我家来玩儿吧。

日文 四時に~レストランのロビーで待っています。
谐音 哟机昵~来思偷烂脑捞逼—呆 吗×台伊吗斯
中文 我四点在~饭店的大厅等你。

日文 喜んで伺います。
谐音 哟捞空呆 屋卡嘎伊吗斯
中文 我很愿意去你家做客。

词汇收藏夹

日文	友達（ともだち）	紹介する（しょうかいする）	専攻（せんこう）
谐音	偷毛搭七	消—咖伊思噜	塞恩抠—
中文	朋友	介绍	专攻，专门研究

日文	趣味（しゅみ）	音楽（おんがく）	住所（じゅうしょ）
谐音	休眯	噢嗯嘎枯	舅—销
中文	爱好	音乐	住址

訪問する 访问

短句

日文 お招きありがとうございます。
谐音 欧吗奈科伊 啊哩嘎偷—沟扎伊吗斯
中文 谢谢你的邀请。

日文 ようこそいらっしゃいました。
谐音 哟—抠嗽 伊啦×虾伊吗西她
中文 欢迎!

日文 つまらないものですがどうぞ。
谐音 呲吗啦那伊毛脑呆斯嘎 豆—邹
中文 这是一点儿小意思,请收下。

日文 素敵なお住まいですね。
谐音 思吧啦西那 哦思吗伊呆斯奈
中文 这房子真不错!

日文 お母さんは料理がお上手なんですね。
谐音 哦卡啊仨嗯哇 料—哩嘎 哦嚼—资那嗯呆斯奈
中文 你妈妈做的菜真好吃。

日文 日本語をもっと勉強して手紙を書きます。
谐音 昵哄嗯沟哦 毛×偷 编嗯科伊哦—西台 台嘎眯 哦咖克医吗斯
中文 我想努力学习日语,给你写信。

地道日语 想说就说

日文 もう、失礼しなければなりません。
谐音 冒— 西呲来哎西那开来吧 那哩吗散恩
中文 我该走了。

日文 今日は、本当にありがとうございました。
谐音 克腰—哇 哄嗯偷—昵 啊哩嘎偷— 沟扎伊吗西她
中文 今天谢谢你的款待。

日文 お宅に尋ねに行きたいんですが。
谐音 哦她哭昵 她资奈昵 伊克医她伊恩呆斯嘎
中文 我想去您府上拜访。

日文 突然ですが、すみません。
谐音 偷呲灾嗯呆斯嘎 斯眯吗散恩
中文 突然来访，对不起！

日文 いいえ、喜んでるよ。
谐音 伊伊哎 哟捞抠嗯呆路腰
中文 不会啊，我很高兴。

日文 駅に着いたら、電話します。
谐音 哎克医昵呲伊她啦 呆嗯哇西吗斯
中文 到车站之后，我再打电话给你。

日文	はい、お電話を待ってるよ。
谐音	哈衣 哦呆嗯哇哦 吗×台路腰
中文	好的，我等你电话。

词汇收藏夹

日文	訪ねる（たずねる）	訪問する（ほうもんする）	お宅（おたく）
谐音	她资奈路	侯一毛嗯思路	偶她哭
中文	拜访	访问	您府上

日文	道に迷う（みちにまよう）	突然（とつぜん）	急に（きゅうに）
谐音	米七昵吗哟屋	偷呲灾嗯	克医屋一昵
中文	迷路	突然	突然

日文	上がる（あがる）	入る（はいる）	映画を見る（えいがをみる）
谐音	啊嘎路	哈伊路	哎一嘎哦眯路
中文	上来	进来	看电影

日文	旅行をする（りょこうをする）	読書をする（どくしょをする）	スポーツをする
谐音	哩袄抠哦思路	都苦销思路	思泡一呲哦思路
中文	旅游	看书	运动

日文	絵を描く（えをえがく）	釣りをする（つりをする）
谐音	哎哦哎嘎枯	呲哩哦思路
中文	画画儿	钓鱼

第十二章 ビジネスでの会話　商务会话

オフィスを訪ねる　访问办公地点

短句

日文 はじめまして。
谐音 哈级梅吗西台
中文 初次见面，你好！

日文 株式会社日本・営業部の王です。
谐音 卡卟西克医嘎伊下昵哄嗯　哎一哥腰部闹　哦一呆斯
中文 我是日本公司营业部的，姓王。

日文 ～さんと二時に　会う約束をしています。
谐音 ～仁嗯偷　昵级昵　啊屋呀枯嗽枯哦西台伊吗斯
中文 我约好了两点见~先生。

日文 王が来ていると伝えてください。
谐音 哦一嘎　克医胎伊路　偷呲她哎台苦搭萨伊
中文 请告诉他小王来了。

日文 これは中国のお菓子です。
谐音 抠来哇　秋一勾哭闹哦卡西呆斯
中文 这是中国的点心。

日文 会社の皆さんで召し上がってください。
谐音 卡伊虾闹眯那桑呆 梅西啊嘎×台苦搭萨伊
中文 让大家尝尝吧。

日文 商品見本を持って参りました。
谐音 笑—喝伊恩眯哄哦 毛×台吗伊里吗西她
中文 我带样品来了。

日文 この文書を後で読んで、検討してください。
谐音 抠脑部嗯销哦 啊偷呆哟嗯呆 科哎嗯偷—西台苦搭萨伊
中文 请你们看看这个材料,考虑考虑。

日文 社に帰って、もう一度 検討します。
谐音 虾昵咖哎×胎 冒—伊七都 科哎嗯偷—西吗斯
中文 要回公司商量商量。

日文 契約がまとまり、うれしく 思います。
谐音 开哎呀枯嘎吗偷吗哩 五来西枯 哦毛伊吗斯
中文 合同订好了,我真高兴。

日文 名刺をいただけますか。
谐音 卖—思哦 伊塔搭科哎吗斯卡
中文 能给我一张名片吗?

场景表达篇

地道日语 想说就说

> **日文** 明日の夜、皆様と食したいのですが。
>
> **谐音** 啊西塔脑腰噜 咪那仁吗偷 咖伊销枯西她伊脑呆斯嘎
>
> **中文** 我想明天晚上请大家一起吃顿便饭。

词汇收藏夹

日文	競争（きょうそう）	動向（どうこう）	手配（てはい）
谐音	克腰—嗖—	都—抠—	台哈伊
中文	竞争	动向	安排

日文	様式（ようしき）	不景気（ふけいき）	購入（こうにゅう）
谐音	哟—西克医	夫克诶伊克医	抠—扭—
中文	式样	不景气，萧条	购买

日文	活発（かっぱつ）	適合（てきごう）	激しい（はげしい）
谐音	咖×趴呲	台克医够—	哈该西—
中文	活跃	适合	激烈

日文	拡大（かくだい）	シーズン	景気（けいき）
谐音	卡枯搭伊	稀—资嗯	克诶伊克医
中文	扩大	季节	景气

日文	仕入れ（しいれ）	相場（そうば）	閑散期（かんさんき）
谐音	稀伊莱	嗖—吧	咖嗯萨嗯克医
中文	批发，购买	股市	淡季

会食の場で 在会餐现场

短句

日文 ご紹介します。
谐音 沟销—咖伊西吗斯
中文 我来介绍一下。

日文 お目にかかれて光栄です。
谐音 哦吗哎昵咖咖来台 抠—哎—呆思
中文 见到您很荣幸。

日文 われわれの友情に乾杯！
谐音 哇来挖来脑由—交—昵 看嗯八伊
中文 为我们的友谊干杯！

日文 遠慮なさらずに召し上がってください。
谐音 哎嗯料那仨拉资昵 买西啊嘎×台苦搭萨伊
中文 吃吧，别客气。

日文 日本酒をもう一杯どうぞ。
谐音 昵哄嗯休—哦 毛—伊×扒 伊到—造
中文 再来一杯日本酒吧。

日文 そろそろ失礼いたします。
谐音 嗽喽嗽喽 西呲来伊塔西吗斯
中文 我们该走了。

日文 楽しいひとときを、ありがとうございました。（招待したとき）

谐音 她脑西伊喝伊偷偷克医哦 啊哩嘎偷一 够咂伊吗西她

中文 谢谢大家赏光。

日文 お酒に強いですね。どうぞ、もう医杯。

谐音 哦仨科哎昵呲哟伊呆思奈 到一造 毛一伊×扒伊

中文 您真是海量呀！再来一杯吧。

日文 そうですか。では、お言葉に甘えて。

谐音 嗾一呆斯卡 呆哇 哦抠偷吧昵啊嘛哎台

中文 是吗。那好，就听你的。

词汇收藏夹

日文	気に入る（きにいる）	上座（かみざ）	下座（しもざ）
谐音	克医昵伊噜	卡眯扎	西毛扎
中文	满意	上座	下座

日文	入り口（いりぐち）	座席（ざせき）	定食（ていしょく）
谐音	伊哩估七	咂塞克医	台一销枯
中文	入口	坐席	日式套餐

日文	珍味（ちんみ）	口に合う（くちにあう）	席順（せきじゅん）
谐音	七嗯眯	枯七昵啊屋	塞克医 俊恩
中文	美味	合乎口味	座次

日文	名酒（めいしゅ）	食欲（しょくよく）
谐音	卖一休	销枯腰枯
中文	名酒	食欲

场景表达篇

第十三章　トラブル　纠纷

紛失・盗難　丢失・被盗

短句

日文 パスポートをなくしました。
谐音 扒思泡—偷哦　那苦西吗西她
中文 我的护照丢了。

日文 再発行してください。
谐音 仁伊哈×抠—西台枯搭萨伊
中文 请给我再补办一下吧。

日文 再発行には何日くらいかかりますか。
谐音 仁伊哈×抠—昵哇　那嗯昵七枯啦伊　卡卡哩吗斯卡
中文 补办得几天？

日文 バッグを盗まれました。
谐音 吧×估哦　努斯吗来吗西她
中文 我的包被偷了。

日文 バッグをタクシーに置き忘れました。
谐音 吧×估哦　她哭戏—尼哦克医哇思来吗西她
中文 我把包忘在出租车里了。

- **日文** 強盗［すり］に遭いました。
- **谐音** 够—偷—[斯哩]昵啊伊吗西她
- **中文** 我遇到强盗（小偷）了。

- **日文** いつ、どこでですか。
- **谐音** 伊呲 都抠呆斯卡
- **中文** 什么时候？在哪儿？

- **日文** 10分ほど前に、この通りを歩いていたときです。
- **谐音** 纠×铺嗯吼都吗哎昵 抠脑偷哦哩哦 啊噜伊胎伊她偷克医呆斯
- **中文** 大约十分钟以前，我在这条街上走的时候。

- **日文** 何を盗まれましたか。
- **谐音** 那昵哦 努斯妈来吗西塔卡
- **中文** 被偷了什么？

- **日文** 財布を盗まれました。
- **谐音** 仁伊夫哦 努斯吗来吗西她
- **中文** 我的钱包被偷了。

- **日文** いくら入っていましたか。
- **谐音** 伊枯啦哈伊×台伊吗西她卡
- **中文** 里边有多少钱？

场景表达篇

日文 二万円くらいです。
谐音 昵吗嗯哎嗯枯啦伊呆斯
中文 两万日元左右。

日文 犯人はどんな人でしたか。
谐音 汉嗯逆嗯哇 逗嗯那喝伊偷呆西她卡
中文 犯人长得什么样？

日文 背の高い［低い］男でした。
谐音 塞闹她咖伊[喝伊枯伊]哦偷抠呆西她
中文 是男的，个子很高（矮）。

日文 誰に知らせたらいいですか。
谐音 搭来昵西拉塞她啦 伊伊呆斯卡
中文 跟谁说好呢？

日文 警察署はどこですか。
谐音 开哎仁呲销哇 都抠呆斯卡
中文 警察局在哪儿？

日文 ここに連絡先を記入してください。
谐音 抠抠昵 来恩啦枯仁克医哦 克医拗一西台苦搭萨伊
中文 请在这儿写上你的联系地址。

> **日文** カードを無効にしてください。
>
> **谐音** 喀—都哦 牟抠—昵西台苦搭萨伊
>
> **中文** 请把我的卡作废。

> **日文** 盗難証明書をください。
>
> **谐音** 偷—那嗯销—卖—销哦苦搭萨伊
>
> **中文** 请给我开张失窃证明。

> **日文** 中国大使館[領事館]はどこにありますか。
>
> **谐音** 七伊屋沟枯达伊西看嗯[聊—机看安]哇 都抠昵啊哩吗斯卡
>
> **中文** 中国大使馆（领事馆）在哪儿？

> **日文** 私のです。
>
> **谐音** 哇她西脑呆斯
>
> **中文** 是我的。

场景表达篇

词汇收藏夹

日文	トラベラーズチェック	クレジットカード	航空券（こうくうけん）
谐音	偷啦卑啦—资七哎×枯	枯来及×偷卡啊都	抠—酷屋科哎安
中文	旅行支票	信用卡	机票

日文	腕時計（うでどけい）	主署名（しゅしょめい）	購入控え（こうにゅうひかえ）
谐音	屋呆都克诶—	休屋销卖哎—	抠—扭—喝伊咖哎
中文	手表	签名	收据

地道日语 想说就说

日文	事故証明書（じこしょうめいしょ）	交番（こうばん）	忘れ物（わすれもの）
谐音	级抠销—卖—销	抠—班安	哇思来毛脑
中文	事故证明	派出所	忘记的东西

日文	紛失物（ふんしつぶつ）	紛失物係り（ふんしつものがかり）	なくす
谐音	夫嗯西呲部呲	夫嗯西呲毛脑嘎咖哩	那枯思
中文	失物	失物招领处	弄丢

日文	警察署（けいさつしょ）	お巡りさん（おまわりさん）	財布（さいふ）
谐音	克诶仁呲销	哦吗哇哩仁安	仨伊夫
中文	警察局	警察（较亲切的称呼）	钱包

日文	貴重品（きちょうひん）	身分証明書（みぶんしょうめいしょ）	盗難証明書（とうなんしょうめいしょ）
谐音	克医俏—喝伊恩	眯部嗯销—卖嗯销	偷—那安销—卖—销
中文	贵重品	身份证明	被盗证明

交通事故　交通事故

短句

日文 助けてください。

谐音 她思科哎台苦搭萨伊

中文 快来人啊！

日文 交通事故が起きました。
谐音 考—呲—基抠嘎 哦克医吗西她
中文 出交通事故了！

日文 けが人がいるんです。
谐音 克诶嘎您—嘎伊噜嗯呆斯
中文 有人受伤了。

日文 車にはねられました。
谐音 枯噜吗尼哇 奈啦来吗西她
中文 我被车撞了。

日文 引き逃げです。
谐音 喝伊 克医尼该呆斯
中文 轧了人逃跑了。

日文 彼が飛び出してきたんです。
谐音 咖来嘎 偷逼搭西台克医她嗯呆斯
中文 是他突然跑出来的。

日文 ブルーのワゴン車でした。
谐音 不噜—闹哇够嗯枯噜吗呆西她
中文 是蓝色的面包车。

日文 信号は青だったんです。
谐音 西恩沟—哇 啊哦搭×她嗯呆斯
中文 当时是绿灯。

场景表达篇

日文	警察を呼んでください。
谐音	科哎仁呲哦 哟嗯呆苦搭萨伊
中文	请叫警察来。

日文	救急車を呼んでください。
谐音	克由一克由一虾哦 哟嗯呆苦搭萨伊
中文	请叫救护车来。

词汇收藏夹

日文	ひき逃げ（ひきにげ）	交通事故（こうつうじこ）	死者（ししゃ）
谐音	喝伊克医昵该	抠一呲一级抠	西虾
中文	肇事逃跑	交通事故	死者

日文	重体（じゅうたい）	重傷（じゅうしょう）	無事（ぶじ）
谐音	就一她伊	就一销一	不机
中文	病危	重伤	安然无恙

日文	行方不明（ゆくえふめい）	意識不明（いしきふめい）	救急車（きゅうきゅうしゃ）
谐音	衣屋枯哎夫埋一	伊稀克医夫买一	克由一克由一虾
中文	失踪	神志不清	急救车

日文	応急手当（おうきゅうてあて）
谐音	哦一克由一台啊台
中文	应急治疗

病気　疾病

短句

日文 このホテルに医者はいますか。
谐音 考闹吼台噜尼 伊虾哇伊吗斯卡
中文 这个饭店有医生吗？

日文 医者を呼んでください。
谐音 伊虾噢 哟嗯呆苦搭萨伊
中文 请叫医生来。

日文 救急車を呼んでください。
谐音 克由―克由―虾―哦 哟嗯呆苦搭萨伊
中文 请叫救护车来。

日文 中国語の話せる医師はいますか。
谐音 秋―沟枯沟脑哈那塞噜伊虾哇 伊吗斯卡
中文 有会说中文的医生吗？

日文 この近くに病院はありますか。
谐音 抠脑七咖枯尼 表―伊恩哇 啊哩吗斯卡
中文 这附近有医院吗？

日文 病院に連れて行ってください。
谐音 表―伊恩昵呲来台 伊×台苦搭萨伊
中文 请带我去医院。

场景表达篇

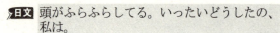

地道日语 想说就说

日文 頭がふらふらしてる。いったいどうしたの、私は。
谐音 啊她吗嘎夫啦夫啦西台噜 伊×她伊豆—西她闹哇她西哇
中文 头很晕。我到底是怎么了啊?

日文 顔色がよくないよ。大丈夫?
谐音 卡哦伊咯嘎哟枯那伊哟 答伊叫—不
中文 你脸色不好啊。还好吗?

日文 朝から気分がよくないの。
谐音 啊仨咖啦 克医布恩嘎哟枯那伊闹
中文 从早上开始身体就不舒服了。

日文 無理しないで。しばらく横になったら?
谐音 牟哩西那伊呆 西吧啦枯哟抠尼那×她啦
中文 不要硬撑啊。要不要躺下?

日文 うん。しばらく休憩しよう。
谐音 屋嗯 西坝啦枯 克油—克诶—西腰—
中文 嗯。暂时休息一下吧。

词汇收藏夹

日文	気分(きぶん)	悪い(わるい)	調子(ちょうし)
谐音	克医 布恩	哇噜伊	俏—西
中文	感觉	不好	身体状况

日文	顔色（かおいろ）	元気（げんき）	横になる（よこになる）
谐音	卡哦伊娄	哥诶恩克医	哟抠昵那路
中文	脸色	有精神的	躺

日文	休む（やすむ）	診る（みる）
谐音	呀思木	眯路
中文	休息	看病

症状の説明　说明症状

短句

日文 風邪をひいたみたいです。

谐音 卡灾哦喝伊伊塔眯她伊呆斯

中文 好像感冒了。

日文 喉が痛いんです。

谐音 脑都嘎 伊她伊嗯呆斯

中文 嗓子疼。

日文 下痢をしています。

谐音 该哩哦西台衣吗斯

中文 我拉肚子。

日文 食欲がありません。

谐音 销枯邀枯嘎 啊哩吗散恩

中文 没有食欲。

日文 ちょっと熱があって、頭も痛いのです。
谐音 悄×偷 奈呲嘎啊×胎 啊她吗毛伊她伊闹呆斯
中文 有点发烧,头也疼。

日文 心臓発作です。
谐音 西恩奏一侯×仁呆斯
中文 心脏病发作了。

日文 赤ん坊が ひきつけを起こしました。
谐音 啊卡恩报一嘎 喝伊 克医呲克诶哦 哦抠西吗西她
中文 婴儿抽筋了。

日文 子供が 電池を飲んで しまいました。
谐音 抠兜毛嘎 呆恩七哦脑嗯呆 西吗伊吗西她
中文 孩子把电池咽下去了。

日文 ここがとても痛いんです。
谐音 抠抠嘎 偷台毛伊她伊恩呆斯
中文 这儿很疼。

日文 しびれているんです。
谐音 西逼来台伊噜嗯呆斯
中文 发麻。

日文 けがをしました。
谐音 克诶嘎哦 西吗西她
中文 受伤了。

日文 頭を打ちました。
谐音 啊她吗哦五七吗西她
中文 撞了头了。

日文 捻挫したみたいです。
谐音 奈嗯扎西塔眯她伊呆斯
中文 好像扭伤了。

日文 スズメバチに刺されました。
谐音 思资卖吧七昵 撒撒来吗西她
中文 让马蜂给蜇了。

日文 目に何か入りました。
谐音 没昵 那尼卡 哈伊哩吗西她
中文 眼睛进东西了。

日文 このまま旅行を続けてもいいですか。
谐音 抠脑吗吗 廖抠—哦 呲资科哎台毛伊伊呆斯卡
中文 这个样子，能继续旅行吗？

场景表达篇

日文 やけどをしました。
谐音 呀克诶都哦西吗西她
中文 烫(烧)伤了。

日文 私はアレルギー体質です。
谐音 哇她西哇 啊来噜哥伊—她伊西呲呆斯
中文 我是过敏性体质。

日文 発疹が出ているんです。
谐音 哈×西恩嘎 呆台伊噜嗯呆斯
中文 我发疹子了。

日文 すごくかゆいんです。
谐音 思沟枯 咖油伊恩恩呆斯
中文 痒得要命。

日文 持病があるんです。
谐音 级标—嘎 啊噜嗯呆斯
中文 有老病。

日文 入院しなくてはいけませんか。
谐音 拗—印西那枯台哇 伊科哎吗散恩卡
中文 非住院不可吗?

>日文 診断書をください。

>谐音 西恩 搭嗯销哦 苦搭萨伊

>中文 给我诊断书。

>日文 領収書をください。

>谐音 廖一休一销哦 苦搭萨伊

>中文 给我开发票。

(词汇收藏夹)

日文	便秘（べんぴ）	吐き気（はきけ）	鼻血（はなぢ）
谐音	卑嗯批	哈克医开	哈那儿
中文	便秘	恶心	鼻血

日文	骨折（こっせつ）	喘息（ぜんそく）	生理（せいり）
谐音	考×赛呲	赞骚哭	赛一里
中文	骨折	哮喘	月经

日文	妊娠（にんしん）	糖尿病（とうにょうびょう）	高血圧（こうけつあつ）
谐音	尼恩新	掏一尿一标一	考一开呲阿呲
中文	怀孕	糖尿病	高血压

日文	低血圧（ていけつあつ）	インフルエンザ	アレルギー
谐音	台一开呲阿呲	印夫路安恩杂	阿来路哥衣一
中文	低血压	流行性感冒	过敏

场景表达篇

地道日语 想说就说

日文	熱射病（ねっしゃびょう）	日酔い（ふつかよい）	めまい
谐音	耐×虾标一	夫呲卡要衣	买妈衣
中文	中暑	宿醉	头晕

日文	貧血（ひんけつ）	食欲不振（しょくよくふしん）
谐音	呵因开呲	小哭要哭夫新
中文	贫血	食欲不振

第十四章　メガネ・コンタクトレンズ　眼镜·隐形眼镜

メガネ店で　在眼镜店

短句

日文 メガネが壊れました。
谐音 卖嘎耐嘎　考哇来妈西他
中文 眼镜坏了。

日文 コンタクトレンズをなくしました。
谐音 考恩他哭掏兰滋袄那哭西妈西他
中文 我的隐形眼镜不见了。

日文 修理してください。
谐音 修理西台苦搭萨伊
中文 请给我修一下。

日文 老眼鏡がほしいのです。
谐音 劳干克要嘎　好细一闹呆斯
中文 我想买一副老花镜。

日文 日本に帰ってから作り直します。
谐音 尼好恩尼　卡挨×台卡拉　呲哭里那袄西吗斯
中文 回日本后再配。

日文 間に合わせでいいのです。
谐音 妈尼阿哇赛呆衣—闹呆斯
中文 能凑合用就行。

日文 すぐできますか。
谐音 丝古 呆克医 吗斯卡
中文 能马上修好吗?

日文 コンタクトレンズの洗浄液をください。
谐音 考恩他哭掏兰恩滋 闹 三叫挨克医 袄苦搭萨伊
中文 我买隐形眼镜片的冲洗剂。

日文 どうですか。
谐音 道—呆斯卡
中文 怎么样?

日文 眼鏡のレンズが壊れました。
谐音 卖嘎耐 闹兰恩 滋嘎考哇来 妈西他
中文 镜片破了。

日文 見せていただけますか。
谐音 米赛台衣他答开妈斯卡
中文 让我看看。

> 日文 どうぞ。
> 谐音 道一造
> 中文 请。

> 日文 両方取り換えた方がいいと思いますけど。
> 谐音 料好掏里卡挨他号嘎衣—掏袄毛衣妈斯开道
> 中文 最好两边都换。

> 日文 そうしてください。
> 谐音 骚一西台苦搭萨伊
> 中文 那就这么办吧。

> 日文 では、視力を測ってみましょうか。
> 谐音 呆哇 西料哭袄哈卡×台米妈笑—卡
> 中文 那检查一下视力吧。

> 日文 ひどい近視ですね。
> 谐音 呵衣道衣克应西呆斯耐
> 中文 好深的近视啊!

词汇收藏夹

日文	カラーコンタクト	眼科（がんか）	矯正（きょうせい）
谐音	卡拉—考恩他哭掏	干卡	克腰—赛—
中文	彩色隐形眼镜	眼科	矫正

场景表达篇

日文	検査（けんさ）	コンタクトレンズ	サングラス
谐音	看撒	考恩他哭掏兰恩滋	撒恩古拉丝
中文	检查	隐形镜片	太阳眼镜

日文	洗浄（せんじょう）	ソフト	手入れ（ていれ）
谐音	森叫	骚夫掏	台衣来
中文	洗涤	软式隐形眼镜	修整保养

日文	度（ど）	外す（はずす）	ハード
谐音	道	哈滋丝	哈一道
中文	度数	拿开，偏离	硬式隐性眼镜

日文	フレーム	フレームレス眼鏡（フレームレスめがね）	目（め）
谐音	夫来一木	夫来一木来丝卖嘎耐	卖
中文	镜框	无框架眼镜	眼睛

日文	眼鏡（めがね）	眼鏡 ケース（めがねケース）	眼鏡屋さん（めがねやさん）
谐音	卖嘎耐	卖嘎耐开一丝	卖嘎耐牙桑
中文	眼镜	眼镜盒	眼镜店

日文	レンズ	老眼（ろうがん）	老眼（ろうがんきょう）
谐音	兰恩滋	劳干	劳干克腰
中文	镜片	老花眼	老花眼镜

地道日语 想说就说

視力検査　视力检查

短句

日文 この字が見えますか。
谐音 考闹几嘎 米挨妈斯卡
中文 能看见这个字吗?

日文 見えません。
谐音 米挨妈散恩
中文 看不见。

日文 ぼんやり見えます。
谐音 包恩牙里 米挨妈斯
中文 看不太清。

日文 はっきり見えます。
谐音 哈×克医 里 米挨妈斯
中文 看得很清楚。

词汇收藏夹

日文	視力（しりょく）	遠視（えんし）	近視（きんし）
谐音	西料哭	恩—安西	克医恩西
中文	视力	远视	近视

场景表达篇

日文	乱視（らんし）	白内障（はくないしょう）
谐音	烂一西	哈哭那衣笑
中文	散光	白内障

第十五章　帰国する　回国

予約の再確認　预约的再次确认

短句

- 日文 予約を確認したいのですが。
- 谐音 要牙哭 袄 卡哭 您一 西他衣闹呆斯嘎
- 中文 我想确认一下机票。

- 日文 ５月２３日、７０５便東京行き、名前は王紅です。
- 谐音 高嘎呲尼旧三尼七 那那栽劳高宾掏克要衣克医 那妈挨哇欧一扣一呆斯
- 中文 我是5月23日到东京的705次航班。名字叫王红。

- 日文 再確認できました。
- 谐音 撒衣 卡哭您 呆克医 妈西他
- 中文 确认好了。

- 日文 チェックインは何時ですか。
- 谐音 恰挨×哭因哇 南几呆斯卡
- 中文 几点办登机手续?

- 日文 もしもし、日本航空です。
- 谐音 毛西毛西 尼好恩 考一哭一呆斯
- 中文 你好,日本航空公司。

场景表达篇

日文 再確認をしたいのですが。
谐音 撒衣卡哭您 袄 西他衣闹呆斯嘎
中文 我想再确认一下机票。

日文 いつのですか。
谐音 衣呲闹呆斯卡
中文 您是何时的机票？

日文 どの便ですか。
谐音 道脑宾呆斯卡
中文 哪次航班？

日文 999便、東京行きです。
谐音 克油 哈牙哭克油旧克油 宾 掏克要衣克医呆斯
中文 999次，开往东京的。

日文 お名前をどうぞ。
谐音 袄那妈挨袄 道―造
中文 请报一下您的名字。

日文 はい、再確認できました。
谐音 哈― 撒衣卡哭您呆克医 妈西他
中文 好的，已经确认了。

日文 何時に出るのか確かめたいです。
谐音 南儿尼 呆路闹卡 他西卡卖他衣呆斯
中文 我想确认一下几点出发。

> **日文** 何時までにチェックインしなければなりませんか。

> **谐音** 南几妈呆尼 恰埃×哭印西那开来八那里妈散恩卡

> **中文** 应该在几点前办理搭乘手续呢?

> **日文** 1時間前までにチェックインしてください。

> **谐音** 衣七儿看妈挨妈妈呆尼 恰埃×哭印西台苦搭萨伊

> **中文** 请在登机前1个小时办理搭乘手续。

词汇收藏夹

日文	予約（よやく）	再確認（さいかくにん）	いつ
谐音	要牙哭	撒衣卡哭您	衣呲
中文	预约	再次确认	何时

日文	航空会社（こうくうがいしゃ）	～便（～びん）	確かめる（たしかめる）
谐音	扣—哭嘎衣下	～宾	他西卡卖路
中文	航空公司	~次航班	确认

見送りの人への挨拶 对送行的人的寒暄短句

> **日文** お見送りいただき ありがとうございます。

> **谐音** 祆米祆哭里衣他答克医 阿里嘎掏—高杂衣吗斯

> **中文** 谢谢您特地来送我。

日文 いろいろとお世話になりました。
谐音 衣劳衣劳掏 袄赛哇尼那里妈西他
中文 给您添了不少麻烦。

日文 おかげさまで、楽しい旅行ができました。
谐音 袄卡该撒妈呆 他脑细料扣—嘎呆克医妈西他
中文 多亏了你们，我们的旅行才这么愉快。

日文 ぜひ、中国にもいらしてください。
谐音 栽呵衣 秋—高哭尼毛衣拉西台苦搭萨伊
中文 希望你能来中国。

日文 林さんによろしくお伝えください。
谐音 林桑尼 要劳西哭 袄呲他挨苦搭萨伊
中文 代我向林先生问好。

日文 どうぞお元気で。
谐音 道—造 袄干克医呆
中文 多保重！

日文 さようなら。
谐音 撒要—那拉
中文 再见！

日文 道中ご無事で。
谐音 道—秋 高布几呆
中文 一路平安！

日文 お荷物はもう託送されましたね。
谐音 袄尼毛词哇 毛―他哭骚撒来妈西他耐
中文 行李都托运了吗?

日文 はい、終わったばかりです。
谐音 哈― 袄哇×他八卡里呆斯
中文 刚刚托运完。

日文 行き届かない点もたくさんあったと思いますが、ご了承ください。
谐音 油克医掏道卡那衣坛毛他哭桑阿×他掏 袄毛衣妈斯嘎高料小苦搭萨伊
中文 肯定有很多不周到的地方,还请多多原谅。

日文 …ああ、時間です。ご搭乗ください。
谐音 啊 几看呆丝 高掏叫苦搭萨伊
中文 ……啊,时间到了。请上飞机吧。

日文 王さんとの再会を楽しみにしております。
谐音 奥桑掏脑撒衣卡衣袄他脑细米尼西台袄里妈斯
中文 期待我们还能再见。

日文 ご無事を祈ります。
谐音 高布儿袄衣闹里妈斯
中文 祝您一路顺风。

场景表达篇

日文 皆さん、さようなら、どうぞご無事で。

谐音 米那桑 撒要—那拉 道—造高布几呆

中文 各位,再见了,请多保重。

词汇收藏夹

日文	気をつける（きをつける）	注意（ちゅうい）	留意（りゅうい）
谐音	克医 袄词开路	秋—伊	遛—伊
中文	小心,注意	提醒,留意	留心,留意

日文	手荷物（てにもつ）	手配（てはい）	接待（せったい）
谐音	台尼毛呲	台哈衣	斯欸×他一
中文	小行李,手提包	安排,准备	接待

日文	気に入る（きにいる）	満足（まんぞく）	平安（へいあん）
谐音	克医尼一路	馒造哭	黑衣安嗯
中文	满意	满足,充分	平安

第十六章 礼状・カードを送る
发送感谢信・卡片

礼状　感谢信

短句

日文 こちらは今日は雨が降っています。
谐音 考七拉哇　克要哇阿买嘎夫×台衣吗斯
中文 我们这儿今天下雨。

日文 涼しくて、気持ちがよいです。
谐音 丝滋西哭台　克医毛七嘎要衣呆斯
中文 又凉快，又舒服。

日文 外は雪が降っています。
谐音 骚掏哇　油克医嘎夫×台衣吗斯
中文 外边下着雪。

日文 こちらもだいぶ暖かくなってきました。
谐音 考七拉毛　答伊布阿他他卡哭那×台克医妈西他
中文 我们这儿也暖和多了。

日文 ご家族のご親切により、今回の旅行は忘れがたいものとなりました。
谐音 高卡造哭闹高新赛呲尼要里　考恩卡衣闹料扣哇哇丝来嘎他衣毛闹掏那里妈西他
中文 你全家对我那么热情，我这次旅行难以忘怀。

场景表达篇

日文 感謝の気持ちでいっぱいです。
谐音 看下脑克医毛七呆 衣×怕衣呆斯
中文 真是感激不尽。

日文 ご家族の皆様もお変わりありませんか。
谐音 高卡造哭闹米那撒妈毛 袄卡哇里阿里妈散恩卡
中文 你全家也都好吧？

日文 案内していただいた大学での写真を、家族に見せました。
谐音 安那衣西台衣他答衣他答嘎哭呆脑下新袄 卡造哭尼米赛妈西他
中文 我把您带我参观大学时照的照片给家里人看了。

日文 妻は今度は私も行ってみたいと申しております。
谐音 次妈哇 考恩道哇哇他西毛衣×台米他衣掏毛西台袄里吗斯
中文 我妻子说下次她也想去。

日文 お宅でご馳走になった日本料理は最高でした。
谐音 袄他哭呆 高七骚尼那×他尼好恩料理哇撒衣考呆西他
中文 在你家吃的日本料理是最好的。

日文 先日の、貴社訪問の折は、温かいおもてなしをありがとうございました。

谐音 森儿词闹 克医下好毛恩闹袄里哇 阿他他卡衣袄毛台那西袄 阿里嘎掏—高杂衣妈西他

中文 上次拜访贵公司，受到你们的热情款待，深表谢意！

日文 昼食会での皆様との会話は、とても楽しく実りの多いものでした。

谐音 秋小哭卡衣呆闹米那撒妈掏脑卡衣哇哇 掏台毛他脑西哭米脑里脑袄—衣毛脑呆西他

中文 在午餐会上和大家谈得很开心，并且受益不浅。

日文 富士山の美しい風景を懐かしく思います。

谐音 夫几桑闹五词哭细夫开—袄 那词卡细哭袄毛衣吗斯

中文 怀念美丽的富士山风光。

日文 皆様のご健康とお幸せを心よりお祈り申し上げます。

谐音 米那撒妈闹高看考掏 袄西阿哇赛袄考考劳要里袄衣脑里毛西阿该吗斯

中文 祝你全家健康、幸福！

日文 皆様によろしくお伝えください。

谐音 米那撒妈尼 要劳西哭 袄词他挨苦搭萨伊

中文 请代我向大家表示衷心的感谢！

场景表达篇

日文 九月に来中されると伺っています。
谐音 哭嘎词尼来衣秋一撒来路掏五卡嘎×台衣吗斯
中文 获悉您9月访华。

日文 再会を楽しみにいたしております。
谐音 撒衣卡衣袄 他脑细米尼衣他西台袄里吗斯
中文 我盼望能和您再次相见。

日文 またお目にかかれる日が、早く来ますように。
谐音 妈他 袄买尼卡卡来路呵衣嘎 哈牙哭克医吗斯要一尼
中文 但愿我们早日再相见！

日文 お手紙、お待ちしています。
谐音 袄台嘎米 袄妈七西台衣吗斯
中文 盼回信。

日文 学業が進歩されますように。
谐音 嘎哭哥要嘎 新泡撒来吗斯要一尼
中文 祝您学习进步！

日文 お仕事が順調でありますように。
谐音 欧西靠掏嘎 俊悄呆阿里吗斯要一尼
中文 祝您工作顺利！

カード 卡片

1. 年賀状 贺年片

日文 謹賀新年！すべてが思い通りになりますように。

谐音 克应 嘎新那恩 丝摆台嘎祆毛衣掏—里 尼那里吗斯要尼

中文 恭贺新喜！万事如意！

日文 新年おめでとう！

谐音 新那恩 祆卖呆掏—

中文 新年快乐！

2. クリスマスカード 圣诞节贺卡

日文 メリークリスマス！

谐音 卖里—哭里丝吗斯

中文 祝您圣诞快乐！

日文 クリスマスおめでとうございます！

谐音 哭里丝妈丝 —祆买呆掏 高杂衣吗斯

中文 圣诞节愉快！

3. バースデーカード 生日贺卡

日文 ハッピーバースデー！

谐音 哈×皮—八—丝呆—

中文 祝您生日快乐！

日文 お誕生日おめでとう！
谐音 欧探叫比 袄买呆掏—
中文 祝你生日快乐！

4. 結婚祝い　结婚祝词

日文 ご結婚おめでとうございます。
谐音 高开考恩 袄买呆掏—高杂衣吗斯
中文 恭贺新婚之禧！

日文 結婚おめでとう！
谐音 开考恩 袄买呆掏—
中文 祝你们新婚快乐！

日文 お二人の幸せをお祈りします。
谐音 袄夫他里闹西阿哇赛袄 袄衣脑里西吗斯
中文 祝新郎新娘幸福美满！

日文 共白髪になるまでお幸せに。
谐音 掏毛西拉嘎 尼那路妈呆袄西阿哇赛尼
中文 祝你们白头偕老。

日文 どうか仲睦まじく、お幸せに。
谐音 兜—卡 那卡木词妈几哭 袄西阿哇赛尼
中文 祝你们恩恩爱爱、甜蜜幸福。

四、固定句式篇

地道日语 想说就说

1. 私は～です。
   瓦塔西哇～呆斯
   我叫～。

   日文 私は王紅（李明・趙軍・宋麗）です。

   谐音 瓦塔西哇　欧—扣（哩梅—・俏孤恩・啾类—）呆斯

   中文 我叫王红（李明・赵军・宋丽）。

2. ～はどこですか。
   ～哇道靠呆斯卡
   ～在哪儿？

   日文 郵便局（銀行・学校・病院）はどこですか。

   谐音 油宾克要哭（哥应靠—・嘎×靠・标因）哇　道靠呆斯卡

   中文 邮局（银行・学校・医院）在哪里？

3. これは～です。
   靠来哇～呆斯
   这是～。

   日文 これは椅子（時計・机・本）です。

   谐音 考来哇　衣丝（掏开—・词哭挨・好恩）呆斯

   中文 这是椅子（表・桌子・书）。

4. ～はありますか。
   ～哇阿里吗斯卡
   有没有～？

   日文 電池（切符・お金・傘）はありますか。

   谐音 单七（克医扑・袄卡耐・卡撒）哇阿里吗斯卡

   中文 有没有电池（票・钱・伞）？

5．～をください。
　～袄苦搭萨伊
　请给我～

日文 切手（切符・りんご・絵葉書）をください。

谐音 克医×台（克医扑・林高・挨八嘎克医）袄苦搭萨伊

中文 请给我（票・苹果・明信片）。

6．～は～にあります。
　～哇～尼阿里吗斯
　～（东西）在～（场所）。

日文 本（切符・りんご・花）は本棚の中（机の上・冷蔵庫の中・花瓶の中）にあります。

谐音 好恩（克医扑・林 高・哈那）哇好恩答那 脑那卡（词哭挨脑五挨・来造靠脑那卡・卡 宾 脑 那卡）尼阿里吗斯

中文 书（票・苹果・花）在书架里（桌子上・冰箱里・花瓶里）。

7．～は～にいます。
　～哇～尼衣吗斯
　～（人、动物）在～（场所）。

日文 王さん（象・猿・豚）は教室（動物園・山の中・豚小屋）にいます。

谐音 奥桑（造・撒路・布他）哇克要西词（道布词安・牙妈脑那卡・布他高牙）尼衣吗斯

中文 小王（大象・猴子・猪）在教室（动物园・山里・猪圈）。

8. ～私は～人です。
   哇他西哇～进呆斯
   我是~人。

   日文 私は中国（日本・アメリカ・カナダ）人です。

   谐音 哇他西哇 秋高哭（尼好恩・阿买里卡・卡那答）呵衣掏呆斯

   中文 我是中国（日本・美国・加拿大）人。

9. 私は～から来ました。
   哇他西哇～卡拉克医妈西他
   我来自~。

   日文 私はアジア（アフリカ・ヨーロッパ・大洋州）から来ました。

   谐音 哇他西哇 阿几阿（阿夫里卡・要—劳×怕・袄赛阿尼阿）卡拉 克医妈西他

   中文 我来自亚洲（非洲・欧洲・大洋洲）。

10. こちらは～です。
    靠七拉哇～呆斯
    这位是~。

    日文 こちらは教授（作家・歌手・俳優）です。

    谐音 靠七拉哇 克要旧（撒×卡・卡秀・哈衣优）呆斯

    中文 这位是教授（作家・歌手・演员）。

11. 今日は～曜日です。
    克要哇～要比呆斯
    今天是星期~。

    日文 今日は月（火・水・土）曜日です。

    谐音 克要哇 该词（卡・丝衣・道）要比呆斯

    中文 今天是星期一（二・三・六）。

12. 私は～が下手です。
    哇他西哇～嘎嗨他呆斯
    我不擅长～。

    日文 私は歌（踊り・ピンポン・数学）が下手です。

    谐音 哇他西哇 五他（袄道里・乒乓・丝嘎哭）嘎嗨他呆斯

    中文 我不擅长唱歌（跳舞・乒乓球・数学）。

13. 私は～ができます。
    哇他西哇～ 嘎呆克医吗斯
    我会（能）～。

    日文 私は英語（彫刻・水泳・サッカー）ができます。

    谐音 哇他西哇 挨—高（悄—靠哭・丝衣挨・撒×卡—）嘎呆克医吗斯

    中文 我会（能）英语（雕刻・游泳・足球）。

14. 私は～ができません。
    哇他西哇～嘎呆克医妈散
    我不会～。

    日文 私は英語（彫刻・水泳・サッカー）ができません。

    谐音 哇他西哇 挨—高（悄—靠哭・丝衣挨・撒×卡—）嘎呆克医 吗散恩

    中文 我不会英语（雕刻・游泳・足球）。

固定句式篇

15. 私は～へ行きたい。
    哇他西哇～挨衣克医他衣
    我想去～。

    日文 私は長春（北京・上海・蘇州）へ行きたい。

    谐音 哇他西哇 俏―凶（拍克应・向哈衣・骚秀）挨衣克医他衣

    中文 我想去长春（北京・上海・苏州）。

16. 私は～で 行きたい。
    哇他西哇～呆衣克医他衣
    我想坐～去。

    日文 私はタクシー（汽車・飛行機・バス）で行きたい。

    谐音 哇他西哇 他哭西一 （克医下・呵衣靠―克医・八丝）呆衣克医 他衣

    中文 我想坐出租车（火车・飞机・公共汽车）去。

17. 私は～たくない。
    哇他西哇～他哭那衣
    我不想～。

    日文 私はやり（飲み・食べ・行き）たくない。

    谐音 哇他西哇 雅哩（脑米・他摆・衣克医）他哭那衣

    中文 我不想做（喝・吃・去）。

18. 私は毎晩～時寝ます。
    哇他西哇妈衣班～几奶吗斯
    我每晚～点睡觉。

    日文 私は毎晩九（十・十一・十時半）時寝ます。

    谐音 哇他西哇 妈衣班哭（旧・旧衣七・旧衣七几）几奶吗斯

    中文 我每晚9（10・11・10：30）点睡觉。

19. 私は毎朝〜時起きます。
    哇他西哇妈衣阿撒〜几袄克医吗斯
    我每天早上~点起床。

    >日文 私は毎朝五（六·七·八）時起きます。

    >谐音 哇他西哇 妈衣阿撒勾（劳哭•西七•哈七）几袄克医吗斯

    >中文 我每天早上5（6·7·8）点起床。

20. 私は毎朝〜を食べます。
    哇他西哇妈衣阿撒〜袄他卑吗斯
    我每天早晨吃~。

    >日文 私は毎朝ご飯（パン·饅頭·うどん）を食べます。

    >谐音 哇他西哇 妈衣阿撒勾汉（盼•满旧•五刀）袄他摆吗斯

    >中文 我每天早晨吃米饭（面包·包子·面条）。

21. 私は〜を見ます。
    哇他西哇〜袄米吗斯
    我看~。

    >日文 私はビデオ（テレビ·映画·景色）を見ます。

    >谐音 哇他西哇 逼呆欧（台来比•挨一嘎•开西克医）袄米吗斯

    >中文 我看录像（电视·电影·风景）。

固定句式篇

22. 王さんは～を着ています。
    奥桑哇～袄克医台衣吗斯
    小王穿着~。

    日文 王さんは着物（洋服・シャツ・コート）を着ています。

    谐音 奥桑哇 克医毛闹（要—夫哭・下词・考—掏）袄克医台衣吗斯

    中文 小王穿着和服（西装・衬衫・外套）。

23. 私は～があります。
    哇他西哇～嘎阿里吗斯
    我有~。

    日文 私は辞書（カメラ・雑誌・鉛筆）があります。

    谐音 哇他西哇 鸡笑（卡买拉・杂西・安皮词）嘎阿里吗斯

    中文 我有词典（照相机・杂志・铅笔）。

24. 私は～がありません。
    哇他西哇～嘎阿里吗散恩
    我没有~。

    日文 私は辞書（カメラ・雑誌・鉛筆）がありません。

    谐音 哇他西哇 鸡笑（卡买拉・杂西・安皮词）嘎阿里吗散恩

    中文 我没有词典（照相机・杂志・铅笔）。

25. もう～になった。
    毛—～尼那×他
    （已经）~了。

    日文 もう夕方（六時・午後・深夜）になった。

    谐音 毛—油—嘎他（劳哭儿・高告・新亚）尼那×他

    中文 （已经）傍晚（6点・下午・深夜）了。

228

26. ～はいらっしゃいますか。
　　～哇衣拉×下衣吗斯卡
　　~在吗?

日文 課長（先生・山田さん・社長）はいらっしゃいますか。

谐音 卡俏一（散赛・牙妈答桑・下悄）哇衣拉×下衣吗斯卡

中文 课长（老师・山田・社长）~在吗？

27. ～を見せてください。
　　～袄米赛台苦搭萨伊
　　请把~给我看看。

日文 写真（ノート・雑誌・レポート）を見せてください。

谐音 虾信（闹一掉・杂西・来泡一掉）袄米赛台苦搭萨伊

中文 请把照片（笔记本・杂志・报告）给我看看。

28. どうぞお～なさい。
　　兜一造袄～那撒衣
　　请~。

日文 どうぞお降り（掛け・入り・乗り）なさい。

谐音 兜一造 袄袄里（卡开・哈衣里・脑里）那撒衣

中文 请下（坐・进・上）。

29. どう～ますか。
　　兜一～吗斯卡
　　怎么~呢?

日文 どうし（やり・入り・乗り）ますか。

谐音 兜一西（牙里・哈衣里・脑里）吗斯卡

中文 怎么做（搞・进・乘坐）呢？

固定句式篇

30. どうして~か。
    兜―西台~卡
    为什么~?

    日文 どうして泣く（行かない・急ぎます・答えません）か。

    谐音 道―西台那哭（衣卡那衣・衣骚哥衣吗斯・考他挨吗散恩）卡

    中文 为什么哭（不去・着急・不回答）?

31. いつ~ですか。
    衣呲~呆斯卡
    什么时候~?

    日文 いつ卒業（出発・出張・退社）ですか。

    谐音 衣呲 扫呲哥腰（秀×怕词・秀×悄・他衣下）呆斯卡

    中文 什么时候毕业（出发・出差・下班）?

32. ~か。~ないか。
    ~卡 ~那衣卡
    要不要~?

    日文 行く（出発します・出張します・退社します）か。行か（出発し・出張し・退社し）ないか。

    谐音 衣哭（秀×怕词西吗斯・秀×悄西吗斯・他衣下西吗斯）卡 衣卡（秀×怕词西・秀×悄西・他衣下西）那衣卡

    中文 要不要去（出发・出差・下班）?

33. 私はあまり～たくない。
    哇他西哇阿妈里～他哭那衣
    我不太想～。

    日文 私はあまり買い（行き・出張し・残業し）たくない。

    谐音 哇他西哇 阿妈里咯伊（衣克医・秀×悄西・脏哥要西）他哭那衣

    中文 我不太想买（去・出差・加班）。

34. 私は～を買います。
    哇他西哇～袄卡衣吗斯
    我买～。

    日文 私は新聞（カメラ・雑誌・鉛筆）を買います。

    谐音 哇他西哇 新布恩（卡买拉・杂×西・安皮词） 袄卡衣吗斯

    中文 我买报纸（相机・杂志・铅笔）。

35. ～が壊れた。
    ～嘎 靠哇来他
    ～坏了。

    日文 テレビ（カメラ・冷蔵庫・クーラー）が壊れた。

    谐音 台来比（卡买拉・来—造—靠・库—拉—）嘎靠哇来他

    中文 电视（相机・冰箱・空调）坏了。

固定句式篇

36. あなたは～が認識しますか。
    阿那他哇～嘎您—西克医西吗斯卡
    你认识~吗?

日文 あなたは王教授（楊先生・山田さん・伊藤社長）が認識しますか。

谐音 阿那他哇 欧克腰纠(要—散赛·牙妈答桑·衣掏—下悄)嘎您西克医西吗斯卡

中文 你认识王教授（杨老师·山田·伊藤社长）吗?

37. 私は～つもりです。
    哇他西哇～词毛里呆斯
    我打算~。

日文 私は結婚する（行く・旅行する・転職する）つもりです。

谐音 哇他西哇 克诶×控丝路（衣哭·料考丝路·坛小哭丝路）词毛里呆斯

中文 我打算结婚（去·旅行·改行）。

38. 私は～が好きです。
    哇他西哇～嘎丝克医 呆斯
    我喜欢~。

日文 私は甘いもの（音楽・秋・焼き肉）が好きです。

谐音 哇他西哇 阿妈伊毛闹（袄嘎哭·阿克医·牙克医尼哭）嘎丝克医呆斯

中文 我喜欢甜食（音乐·秋天·烤肉）。

39. 私は~が嫌いです。
   哇他西哇~嘎克医拉衣呆斯
   我讨厌~。

   日文 私は甘い菓子（騒音・嘘・雨）が嫌いです。

   谐音 哇他西哇 阿妈伊咯西（骚袄恩・五骚・阿买）嘎克医拉衣呆斯

   中文 我讨厌甜点心（噪音・谎话・雨）。

40. すみません、わたしは~ました。
   丝米妈散恩 哇他西哇~妈西他
   对不起，我~。

   日文 すみません、わたしは遅れ（遅刻し・失言し・間違い）ました。

   谐音 丝米妈散恩 哇他西哇欧哭来（七考哭西・西词干西・妈七嘎衣）妈西他

   中文 对不起，我来晚（迟到・失言・弄错了）。

41. ~ですね。
   ~呆斯耐
   真~啊。

   日文 優しい（美しい・さわやか・格好いい）ですね。

   谐音 雅仁细一（五词哭细一・撒哇牙卡・咖×考衣一）呆斯耐

   中文 真和善（美・清爽・帅）啊。

42. 私たちは～ましょう。
    哇他西他七哇～妈笑—
    我们～吧。

    日文 私たちは始まり（行き・歩き・走り）ましょう。

    谐音 哇他西他七哇 哈鸡妈哩（衣克医・阿路克医・哈西里）妈笑—

    中文 我们开始（去・走路・跑步）吧。

43. ～はもうできました。
    ～哇某— 呆克医妈西他
    ～好了。

    日文 ご飯（料理・仕事の準備・資料の収集）はもうできました。

    谐音 勾汉（料—理・西告掏脑军比・西料脑秀秀）哇哇毛—呆克医妈西他

    中文 饭（烹饪・准备工作・资料收集）好了。

44. 私は～がほしいです。
    哇他西哇～嘎好细—呆斯
    我想要～。

    日文 私はカメラ（お茶・玩具・高級服装）がほしいです。

    谐音 哇他西哇 喀梅拉（袄恰・袄毛恰・考克油夫哭骚）嘎好细—呆斯

    中文 我想要照相机（茶・玩具・服装）。

45. 私は～を祈ります。
    哇他西哇～袄衣脑里呆斯
    我希望~。

    >日文 私は今後の発展（平和・平安・幸せ）を祈ります。

    >谐音 哇他西哇 控勾闹哈×天恩（嗨哇・嗨安・西阿哇塞）袄衣脑里呆斯

    >中文 我希望今后取得更大发展（和平・平安・幸福）。

46. もう少しで～ました。
    毛―丝考西呆～妈西他
    差点~。

    >日文 もう少しで火事を起こし（ぶつかり・遅れ・交通事故になり）ました。

    >谐音 毛―丝靠西呆 卡鸡欧欧靠西（布词卡里・袄哭来・靠呲―几靠尼那里）妈西他

    >中文 差点儿发生火灾（撞车・迟到・交通事故）。

47. ～によろしく。
    ～尼要劳西哭
    请代问~好。

    >日文 お父さん（みなさん・先生・クラスメート）によろしく。

    >谐音 袄掬―桑（米那桑・散塞・哭拉丝卖―掬）尼要劳西哭

    >中文 请代问您父亲（大家・老师・同学）好。

48. そろそろ〜の時間です。
    骚劳骚劳〜闹几看呆斯
    该~了。

    日文 そろそろ昼食（出発・退社・通勤）の時間です。

    谐音 骚劳骚劳秋—消哭（秀×怕词・他衣下・呲屋克医恩）闹几看呆斯

    中文 该吃午饭（出发・下班・上下班）了。

49. 〜おめでとう！
    〜袄买呆掏—
    〜快乐！

    日文 ご結婚（新年・お誕生日・ご昇進）おめでとう！

    谐音 勾克诶×困（新那恩・袄探叫比・高笑新）袄买呆掏—

    中文 新婚（新年・生日・升职）快乐！

50. 〜が痛い。
    〜嘎衣他衣
    我~疼。

    日文 足（頭・歯・お腹）が痛い。

    谐音 阿西（阿他妈・哈・袄哈拉）嘎 衣他衣

    中文 我脚（头・牙・肚子）疼。

51. 〜ないで。
    〜那衣呆
    别~了。

    日文 行か（食べ・見・聞か）ないで。

    谐音 衣卡（他卑・米・克医卡）那衣呆

    中文 别去（吃・看・听）了。

52. ~が~すぎる。
　　~嘎~丝哥衣路
　　~太~了。

　日文　子供（先生·山田さん·このミルク）が（瘦せ·厳し·太·甘）すぎる。

　谐音　考都毛（散塞·牙妈答桑·靠脑米路哭）嘎（克医比细·夫掏·阿妈）丝哥衣路

　中文　孩子（老师·山田·这种牛奶）太瘦（严厉·胖·甜）了。

53. ~にしてください。
　　~尼西台苦搭萨伊
　　请~点儿!

　日文　元気（静か·こわだか·自発的）にしてください。

　谐音　给恩 克医（西字卡·考哇答卡·几哈词台克医）尼西台苦搭萨伊

　中文　请精神（安静·大声·主动）点儿!

54. ~をなくしました。
　　~袄那哭西妈西他
　　（我的）~丢了。

　日文　レシート（財布·携帯電話·腕時計）をなくしました。

　谐音　来西一偷（撒衣夫·开他衣单哇·五呆掏开）袄那哭西妈西他

　中文　我的收据（钱包·手机·手表）丢了。

55. 誰か～を呼んでください！
    答来卡～祆要恩呆苦搭萨伊
    谁帮我叫一下～！

    日文 誰か看護婦（救急車・警察・医者）を呼んでください！

    谐音 答来卡 看勾夫（克油—克油—虾・开衣萨次・衣下）祆腰恩呆苦搭萨伊

    中文 谁帮我叫一下护士（救护车・警察・医生）！

56. ～が見えますか。
    ～嘎眯哎吗斯卡
    能看见～吗？

    日文 山（窓外の景色・光・陰り）が見えますか。

    谐音 呀嘛（扫—嘎衣脑开西魁・嘿卡哩・卡该哩）嘎眯哎吗斯卡

    中文 能看见山（窗外的景色・光・阴影）吗？

57. ～に賛成します。
    ～尼桑塞西吗斯
    我赞成～。

    日文 この意見（異国婚姻・引っ越し・海外駐在）に賛成します。

    谐音 靠闹衣肯恩（衣靠哭靠恩印・嘿×靠西・卡衣嘎衣秋—咋衣）尼桑塞西吗斯

    中文 我赞成这个意见（异国婚姻・搬家・派驻国外）。

58. 〜てもいいですか。
〜台毛衣一呆斯卡
可以〜吗?

日文 行かなく（取り消し・改正し・休憩し）てもいいですか。

谐音 一卡呐哭（淘哩开西・卡衣塞一可油开西）台毛衣一呆斯卡

中文 可以不去（取消・改正・休息）吗?

59. どんな〜がありますか。
到恩那〜嘎啊里马斯卡
都有什么〜?

日文 どんな雑誌（果物・品物・スタイル）がありますか。

谐音 到恩那咋×西（哭答毛脑・西那毛脑・斯他衣噜）嘎 啊里马斯卡

中文 都有什么杂志（水果・商品・风格）?

60. 〜はただですか。
〜哇他答呆斯卡
〜是免费的吗?

日文 酒（お茶・朝食・入場料）はただですか。

谐音 萨克诶（奥治・桥奥消哭・牛一叫一料）哇他答呆斯卡

中文 酒（茶・早饭・门票）是免费的吗?

61. ～をもう一杯もらえますか。
～奥某—衣×啪衣毛啦哎吗斯卡
麻烦你，再来一杯～。

日文 お酒（ビール・ジュース・コーラ）をもう一杯もらえますか。

谐音 欧萨克诶（碧—噜・就—斯・考—啦）奥毛—衣×啪衣毛啦哎吗斯卡

中文 麻烦你，再来一杯（啤酒・果汁・可乐）。

62. ～が悪いです。
～嘎哇噜衣呆斯
我～不大舒服。

日文 胃のぐあい（体の調子・頭・胃腸）が悪いです。

谐音 伊闹鼓啊一（卡啦答脑俏—西・啊他吗・衣俏—）嘎哇噜衣呆斯

中文 我胃口（身体・头・肠胃）不大舒服。

63. ～みたいです。
～眯他衣呆斯
好像是～。

日文 夢（人の顔・明るい昼・赤いりんご）みたいです。

谐音 油梅（啊脑衣哇哇嘿淘脑卡奥・啊卡噜一黑噜・啊卡一林恩高）眯他衣呆斯

中文 好像是做梦（人脸・明亮的白天・红苹果）。

64. ～を教えてください。
    ～奥奥西哎苦搭萨伊
    请告诉我~。

    日文 その原因（先生の住所・お名前・値段）を教えてください。

    谐音 扫闹给诶恩印（森嗯塞—脑就油消奥・奥那吗哎・奈淡）奥奥西哎台苦搭萨伊

    中文 请告诉我原因（老师的住址・姓名・价格）。

65. ～の目的は何ですか。
    ～脑毛哭哇男呆斯卡
    ~的目的是什么？

    日文 読書（入国・来日・出張）の目的は何ですか。

    谐音 兜哭萧（牛油—靠哭・啦衣机次・休×桥奥—）脑毛哭台克医哇 男呆斯卡

    中文 读书（入境・来日本・出差）的目的是什么？

66. ～に泊まります。
    ～尼 淘妈哩吗斯
    我住~。

    日文 田舎（桜ホテル・旅館・友人の家）に泊まります。

    谐音 一那卡（萨哭啦好太噜・料卡恩・油—今嗯闹衣哎）尼 淘吗哩吗斯

    中文 我住乡下（樱花宾馆・旅馆・朋友家）。

67. ～は何ですか。
    ～哇男呆斯卡
    你的~是什么?

日文 学歴（趣味·ご出身·専門）は何ですか。

谐音 嘎哭来克医（休眯·高休×新嗯·森嗯毛嗯）哇南呆斯卡

中文 你的学历（兴趣·出身·专业）是什么?

68. ～を持っていますか。
    ～奥毛×台衣吗斯卡
    有~吗?

日文 鉛筆（レシート·辞書·領収書）を持っていますか。

谐音 哎嗯匹次（来西—淘·机消·聊—休—消）奥毛×台衣吗斯卡

中文 有铅笔（报告·字典·收据）吗?

69. ～を通りますか。
    ～奥淘奥哩妈斯卡
    路过~吗?

日文 郵便局（小学校·駅·市場）を通りますか。

谐音 油—逼恩 克腰哭（消—嘎×靠—·哎克医·西桥奥）奥淘奥哩妈斯卡

中文 路过邮局（小学·车站·市场）吗?

70. ～に停まりますか。
    ～尼淘吗哩吗斯卡
    ~停不停?

日文 区役所（病院・第三中学校・空港）に停まりますか。

谐音 苦呀哭萧（表奥—因嗯·答衣桑昂秋—嘎×靠—·哭—靠—）尼淘吗哩吗斯卡

中文 区政府（医院·第三中学·机场）停不停?

71. ～まで運賃はいくらですか。
    ～吗呆屋恩 勤嗯哇衣哭啦呆斯卡
    到~多少钱?

日文 市役所（病院・第三中学校・空港）まで運賃はいくらですか。

谐音 西压库萧（表—因嗯·答衣桑昂七油—嘎×靠—哭—靠—）吗呆 屋恩 七嗯哇 衣哭啦呆斯卡

中文 到市政府（医院·第三中学·机场）多少钱?

72. ～に行きたいのですが。
    ～尼衣克医他衣闹呆斯嘎
    我要去~。

日文 婦人病院（東京・神戸・大阪）に行きたいのですが。

谐音 肤进膘印（淘奥可要·靠—掰·嗷嗷萨卡）尼衣克医他衣闹呆斯嘎

中文 我要去妇产医院（东京·神户·大阪）。

73. ～に行ってください。
～尼衣×台苦搭萨伊
请把我送到~。

日文 区役所（桜旅館・空港・バス停）に行ってください。

谐音 哭压库萧（撒哭啦料着・哭—靠—・吧斯台—）尼衣×台苦搭萨伊

中文 请把我送到区政府（樱花旅馆・机场・公交站）。

74. ～までお願いします。
～吗呆 奥奈嘎衣西吗斯
请到~。

日文 市役所（桜旅館・空港・バス停）までお願いします。

谐音 西压库萧（撒哭啦料康昂・哭—靠—・吧苏太—）吗戴 奥奈嘎衣西吗斯

中文 请到区政府（樱花旅馆・机场・公交站）。

75. ～までどのぐらいの時間で着きますか。
～吗呆 兜闹估啦衣脑机看呆呲克医吗斯卡
到~要多长时间?

日文 駅（空港・商店街・秋葉原あきはばら）までどのぐらいの時間で着きますか。

谐音 欸克医（哭—靠—・消奥太嗯嘎衣・啊克医哈吧啦）吗呆 到闹估啦衣闹机看呆 呲克医吗斯卡

中文 到车站（机场・商业街・秋叶原）要多长时间?

76. ～が必要ですか。
    ～嘎嘿次要—呆斯卡
    要~吗?

    日文 担保（パスポート・証明書・ビザ）が必要ですか。

    谐音 探剖（啪斯泡—淘・消—卖—消・比咋）嘎嘿次要—呆斯卡

    中文 要抵押（护照・证明・签证）吗?

77. ～は込みますか。
    ～哇靠眯吗斯卡
    包括~吗?

    日文 足代（朝食・税・配達料）は込みますか。

    谐音 阿西大一（俏—消哭・载一・哈衣他次料奥）哇靠眯吗斯卡

    中文 包括（早饭・税・邮费）吗?

78. ～を借りたいのですが。
    ～奥卡哩他衣脑呆斯嘎
    我想借~。

    日文 ノート（辞書・デジカメ・５０００円）を借りたいのですが。

    谐音 闹—偷（机消奥・戴机卡卖・高森嗯）奥卡哩他衣闹呆斯嘎

    中文 我想借笔记本（字典・数码相机・5000日元）。

固定句式篇

79. ～は何時ですか。
~哇 男机呆斯卡
~是几点?

日文 始まりの時間（到着時刻・今・帰りの時間）は何時ですか。

谐音 哈机妈哩闹机看（淘奥洽哭机考哭・衣吗・卡哎哩脑机康昂）哇 男机呆斯卡

中文 开始的时间（到达时间・现在・回去的时间）是几点?

80. ～が欲しいのですが。
~嘎 吼细—脑呆斯嘎
我想要～。

日文 新しい車（おもちゃ・ネクタイ・靴下）が欲しいのですが。

谐音 阿他拉西—哭鲁妈（奥毛洽啊・奈哭他衣・哭次西塔）嘎 吼细—闹呆斯卡

中文 我想要新车（玩具・领带・袜子）。

81. ～はどこにありますか。
~哇兜考尼啊哩吗斯卡
哪儿有～?

日文 郵便局（靴売り場・図書館・八百屋）はどこにありますか。

谐音 油—比恩 克腰哭（哭次屋哩吧・淘消奥康昂・呀奥雅）哇兜考尼啊哩吗斯卡

中文 哪儿有邮局（鞋店・图书馆・蔬菜店）?

82. 運転手さん、〜までいくらですか。
屋嗯天休桑 〜吗呆衣哭啦呆斯卡
司机，到~多少钱？

- **日文** 運転手さん、駅（空港・商店街・秋葉原）までいくらですか。
- **谐音** 问台恩休桑、哎克医（哭一靠一・消奥 太恩嘎衣・啊克医哈吧啦）〜吗呆 衣哭啦呆斯卡
- **中文** 司机，到车站（机场・商业街・秋叶原）多少钱？

83. このバスは〜に行きますか。
考闹吧斯哇 〜尼衣克医吗斯卡
这车去~吗？

- **日文** このバスは空港（デパート・図書館・秋葉原）に行きますか。
- **谐音** 考闹吧斯哇哭一靠一（戴啪一淘・淘消奥康昂・啊克医哈吧啦）尼衣克医吗斯卡
- **中文** 这车去（商场・图书馆・秋叶原）吗？

84. 〜に着いたら教えてください。
〜尼次衣他啦奥西哎太苦搭萨伊
到了~请告诉我一声。

- **日文** 東京大学（空港・商店街・秋葉原）に着いたら教えてください。
- **谐音** 淘一克要答衣嘎哭（哭一靠一・消奥台嗯嘎衣・啊克医哈吧啦）尼次衣他啦 奥西哎台苦搭萨伊
- **中文** 到了东京大学（机场・商业街・秋叶原）请告诉我一声。

85. この電車は~に停まりますか。
考闹呆恩下哇~尼淘吗哩吗斯卡
这趟车在~停不停?

日文 この電車は交通大学（婦人病院・スーパー・商店街）に停まりますか。

谐音 考闹呆恩下哇 靠一次一答衣嘎哭（夫今嗯表奥因嗯・斯一啪・消一太恩嘎衣）尼淘吗哩吗斯卡

中文 这趟车在交通大学（女子医院・超市・商业街）停不停?

86. ここから~までは何駅ですか。
考考卡啦~吗呆哇南哎克医呆斯卡
从这儿到~有几站?

日文 ここから市役所（婦人病院・スーパー・商店街）までは何駅ですか。

谐音 考考卡啦 西亚哭萧（夫今嗯表奥因嗯・苏一啪一・消一太恩嘎衣）吗呆哇 南哎克医呆斯卡

中文 从这儿到（女子医院・超市・商业街）有几站?

87. ~行きの切符を1枚ください。
~油克医闹克医×铺奥衣七吗衣苦搭萨伊
我要买一张到~的票。

日文 大阪（東京・渋谷・四国）行きの切符を1枚ください。

谐音 噢噢萨卡（淘一克要・西部呀・西靠哭）油克医闹克医×铺奥衣七吗衣苦搭萨伊

中文 我要买一张到大阪（东京・涩谷・四国）的票。

88. もっと〜のはありませんか。
    某×淘〜闹哇啊哩吗散恩卡
    有没有再~点儿的?

    日文 もっと柔かい（小さい・太い・硬い）のはありませんか。

    谱音 某×淘丫洼拉卡伊（七—撒衣・夫淘衣・卡他衣）闹哇 啊哩吗散恩卡

    中文 有没有再（小・大・硬）点儿的?

89. それは〜ではありません。
    扫来哇〜呆哇啊哩吗散恩
    那不是~。

    日文 それは偽物（コップ・ゴム・クリーム）ではありません。

    谱音 扫来哇 尼塞某闹（考×铺・高木・哭哩—木）呆哇啊哩吗散恩

    中文 那不是冒牌货（杯子・橡皮・奶油）。

90. 〜のＣＤはありますか。
    〜闹西第哇啊哩吗斯卡
    有没有~的CD盘?

    日文 民謡（クラシック・ポップス・民俗音楽）のCDはありますか。

    谱音 民—要—（哭啦西×哭・泡×铺苏・民嗯造哭奥嗯嘎哭）闹西第哇啊哩吗斯卡

    中文 有没有民谣（古典・通俗・民俗音乐）的CD盘?

91. ～はいくらですか。
～哇衣哭啦呆斯卡
～是多少钱？

日文 ワンピース（なし・ほうれんそう・車代）はいくらですか。

谐音 万劈一斯（那西・好―来嗯扫・下啊答衣）哇衣哭啦呆斯卡

中文 连衣裙（梨・菠菜・车费）是多少钱？

92. 今日は～のお祭りです。
克要哇～脑奥吗次哩呆斯
今天是～节日。

日文 今日はこの寺（神社・港・廟）のお祭りです。

谐音 克要哇 考闹台啦（今嗯家啊・眯那淘・表奥）脑奥吗次哩呆斯

中文 今天是这个寺庙（神社・港口・神庙）的节日。

93. ～の紹介で来ました。
～闹消奥卡衣呆克医吗西他
我是～介绍来的。

日文 田中部長（楊先生・山田さん・伊藤社長）の紹介で来ました。

谐音 他那卡部桥―（要―森嗯塞―・呀吗答桑昂・衣淘―下啊桥奥）脑消奥卡衣呆克医吗西他

中文 我是田中部长（杨老师・山田・伊藤社长）介绍来的。

103. この近くに〜はありますか。
考闹七卡哭尼〜哇啊哩吗斯卡
这附近有~吗?

日文 この近くにトイレ（取り替え所・銀行・病院）はありますか。

谐音 考闹七卡哭尼偷衣来（淘哩卡哎叫奥・跟嗯靠一・表奥因嗯）哇啊哩吗斯卡

中文 这附近有厕所（兑换处・银行・医院）吗?

104. ご紹介します。〜です。
高消一卡衣西吗斯 〜呆斯
我来介绍一下。这是~。

日文 ご紹介します。家内（李先生・山田さん・本田社長）です。

谐音 高消一卡衣西吗斯 喀呐衣（哩森嗯塞一・呀吗答桑・哄嗯答下啊桥奥）呆斯

中文 我来介绍一下。这是我的妻子（李老师・山田・本田社长）。

105. 〜を盗まれました。
〜奥努斯吗来吗西他
我的~被偷了。

日文 デザイン（財布・かばん・パソコン）を盗まれました。

谐音 呆咂印（撒衣夫・卡帮昂・啪扫靠嗯）奥努斯吗来吗西他

中文 我的设计图（钱包・书包・电脑）被偷了。

100. ～と言います（と申します）。
　　～淘衣衣吗斯（淘某—西吗斯）
　　我叫～。

日文 楊華（李明・趙軍・宋麗）と言います（と申します）。

谐音 要—卡（哩卖—·桥奥估嗯·扫—来—）淘衣衣吗斯（淘毛—西吗斯）

中文 我叫杨华（李明・赵军・宋丽）。

101. 大学で～を専攻しています。
　　答衣嘎苦呆～奥森嗯靠—西台衣吗斯
　　我在大学学～。

日文 大学で化学（生物学・文学・物理）を専攻しています。

谐音 答衣嘎苦呆 卡嘎哭（塞—不次嘎哭·蹦嗯嘎哭·不次哩）奥森嗯靠—西台衣吗斯

中文 我在大学学化学（生物・文学・物理）

102. ～と二時にある約束をしています。
　　～淘尼机尼啊噜呀哭扫哭奥西台衣吗斯
　　我约好了两点见～。

日文 スミスさん（伊藤先生・山田さん・張課長）と二時にある約束をしています。

谐音 斯密斯桑（衣淘森嗯塞—·呀吗答桑·桥奥卡桥奥）淘尼机尼啊噜呀哭扫哭奥西台衣吗斯

中文 我约好了两点见史密斯（伊藤老师・山田・张课长）。

固定句式篇

253